男孩正面管教

花汀姐姐 ◎ 著

boys

江西美术出版社
全国百佳出版单位

图书在版编目（CIP）数据

男孩正面管教 / 花汀姐姐著. -- 南昌：江西美术出版社，2020.7
 ISBN 978-7-5480-7427-4

Ⅰ. ①男… Ⅱ. ①花… Ⅲ. ①男性—青春期—家庭教育 Ⅳ. ① G782

中国版本图书馆 CIP 数据核字（2020）第 027148 号

出 品 人：	周建森
企　　划：	北京江美长风文化传播有限公司
策　　划：	北京春风化雨文化有限公司
责任编辑：	楚天顺　李晓璐
版式设计：	孙雨芹
责任印制：	谭　勋

男孩正面管教
NANHAI ZHENGMIAN GUANJIAO

作　　者：	花汀姐姐
出　　版：	江西美术出版社
地　　址：	江西省南昌市子安路 66 号
网　　址：	www.jxfinearts.com
电子信箱：	jxms163@163.com
电　　话：	0791-86566274　010-82093808
邮　　编：	330025
经　　销：	全国新华书店
印　　刷：	北京柯蓝博泰印刷有限公司
版　　次：	2020 年 7 月第 1 版
印　　次：	2020 年 7 月第 1 次印刷
开　　本：	880mm×1230mm　1/32
印　　张：	9.5

ISBN 978-7-5480-7427-4
定　　价：39.80 元

　　本书由江西美术出版社出版。未经出版者书面许可，不得以任何方式抄袭、复制或录本书的任何部分。
　　版权所有，侵权必究
　　本书法律顾问：江西豫章律师事务所　晏辉律师

引 言

有了孩子,时间仿佛被施了魔法一样加速前进。

那个被自己抱在怀里的婴儿,转眼间就噌噌噌地长大了。他学会了说话走路,有了自己的小伙伴,开始上学,有了自己的思想。这个小生命的诞生,带给父母长辈无数欢乐,同时也带来不少烦恼。

孩子怎么不再听话,开始学会顶嘴了?为什么我跟他说什么都不听,别人说一句话他就信了?明明那么简单的题,他怎么就是不会?从什么时候起,我跟孩子之间产生了代沟?

不止如此,养育男孩的家庭还会发现,儿子越来越有自己的主意,说不听、骂没用、打不动。到底应该怎么做,才能教育好儿子？

作为父母，我们希望孩子身体健康，儿子却因为一件衣服跟自己争吵；我们希望他努力学习，儿子却考出了糟糕的成绩；我们希望他获得老师的重视，儿子却在课堂上和老师争辩；我们希望他能结交良友，他却和那些不三不四的人来往。

随着孩子成长，在每一个阶段家长都会有新的烦恼。

面对这些问题，我们该怎么管？管，会引起亲子矛盾；不管，则是对孩子的不负责任。

打开这本书的家长们，或多或少都知道由创始人简·尼尔森博士和琳洛特博士所倡导的"正面管教"理论及相关体系、工具。

正面管教，正是这样一把钥匙。拥有了它，我们就能正确开启男孩教育的大门。

本书不讲理论体系，只是将正面管教以浅显直白的方式，传达给在实际教育中遇到问题的家长们，旨在帮助家长解决对男孩进行的正面管教问题。

目　录
contents

第一章　正面管教，能带给我们什么？

面对拒绝沟通的儿子，该怎么做？／003
一个用"不"对抗全世界的男孩／012
早恋，不是洪水猛兽／020
男孩办事拖拉，应该如何正面管教／028
都说男孩要贱养，对吗？／035
爸爸的责任：男人之间也有悄悄话／042

第二章　正向管教第一步：不骄纵、不惩罚

怎样用正面管教代替骄纵／053

不惩罚，如何管教好孩子？／060

正面管教不是枷锁，爱不是牢笼／067

学会跟孩子商量而不是命令／074

妈妈的烦恼：爱睡懒觉的儿子／081

不答应，我就离家出走／088

第三章　代沟，真的就不可逾越吗？

孩子撒谎，该怎样正面管教？／097

一条破洞牛仔裤引发的争吵／104

人善被人欺，在外面就是要凶一点？／110

来自妈妈的神预言／117

手机只能用来打游戏吗？／125

第四章　管理好情绪，才是真正的正向管教

大喊大叫的妈妈让我害怕／137

面对急躁的孩子，该怎么做？／144

紧张，也能成为最佳助力／151

你夸我，我就巨额打赏你 / 159
没有奖励，我就故意考砸 / 166
告别恐慌，直面青少年抑郁 / 173

第五章　教会孩子正向交际能力

孩子遭到拒绝，该怎么做？/ 181
儿子被带坏了，该怎么办？/ 189
孩子，你要学会说话 / 195
同学们为什么都不喜欢我？/ 202
孩子的世界，放手让孩子自己去处理人际关系 / 208
爸爸陪你去见网友 / 216

第六章　不逃避，寻求解决之道

妈妈，我是你捡来的吗？/ 225
"熊孩子"诞生记 / 231
我爱干什么干什么，你管不着！/ 238
妈妈，求求你理我一下 / 246
我不同意你去外地念书 / 254
不行！我们家里不能养宠物 / 260

第七章　用好正面管教，男孩学习不用愁

陪孩子做作业是场灾难吗？／269

不一样的留守儿童／276

孩子注意力不集中，我们该做什么／283

读书，是为了将来拥有选择的自由／291

第一章

正面管教,能带给我们什么?

在本章中,我们将建立对正面管教的基础认知。

什么是正面管教?温和而坚定的态度,不逃避不推卸责任,做到就事论事的冷静客观,共同构成了正面管教这个教育理念的基础。

那么,正面管教又能带给我们什么呢?让我们一起阅读,学习本章的内容。

面对拒绝沟通的儿子,该怎么做?

陈立,一直是陈先生陈太太的骄傲。他从小学起,成绩就一直名列前茅,几乎没怎么让父母操过心。而这次中考,他也果然没有让父母失望,顺利考上全市最好的高中,是"985"升学率最高的一所中学。

整个暑假,一家人都在兴奋中度过。但对自我要求很高的陈立,高兴之余,就是利用所有的时间,为即将到来的高中生涯做准备。他将此视作一个新的挑战。

刚入学时,陈立表现得斗志昂扬,每周回家都有新的话题分享。但是慢慢地,他变得越来越沉默。

陈太太看在眼里,急在心上,趁儿子在学校的时候跟陈先生商量。

"孩子他爸,你找个时间跟儿子聊聊,看看他是不是在学校遇到什么困难了。"

"我问过他了,他不愿说。"

陈太太叹了口气,有些发愁:"那可怎么办?"

陈先生安慰她说:"别急,我估计可能是还没适应新的环境,再加上学业压力大的原因。"

"也是,那毕竟是全市最好的高中,又是住校,跟他以前的学校还不一样。"陈太太赞同,"那我们就再观察一段时间。"

"对,现在孩子大了,有自己的想法,我们也不能逼得太紧。"

两人做出了决定。但在一个月后,陈立的情况并没有任何好转,更加沉默寡言。

周考、月考成绩,他一直能稳定在班里前十,所以,并不是学习上的原因。陈太太和陈先生一商量,特意在周末找了时间跟儿子谈心。

"爸爸妈妈,你们别担心,我好得很。"面对父母的询问,陈立这样说。

陈太太着急地说:"你这样的状态,也叫好得很?"这让她无法相信。

陈立闭口不言。

"儿子,我们都知道你有自己的主意,但我们还是你的父母。"陈先生说,"只要你还没满18岁,我们就对你有责任和义务。有什么事情,你只管告诉我们,你解决不了的,有我们帮忙一起想办法。"

这番话,明显触动了陈立。他想了想,终于张了口,但说出的话却并不是陈先生和陈太太想听到的。

他说:"我真的没事,只是功课太忙,所以不想说话。你们看,我每次的考试成绩,不都还稳定吗?"

"我们关心的,不仅仅是你的成绩。"陈太太看着儿子,怎么也想不明白,他怎么就不愿意将心里话告诉父母呢?

在以前,他明明不是这样的孩子。

遇到这样的问题该怎么办呢?

在陈立这里得不到更多的信息,这让陈先生和陈太太更加着急。难道,是他们一直以来的教育方法出了问题吗?

两人扪心自问,经过反复讨论,也没有找到症结。

一直以来,他们对儿子的要求,就不只是成绩。他们希望陈立能成为一个健康、善良、乐观、自律,将来能为社会做贡献的人,也是这么去教育的。

他们不骄纵、不溺爱、不包庇,该让孩子自己动手的时候绝不包办,不代替孩子做决定。这样的教育方式,他们认为是温和的,同时也是有效的。

可是,怎么到了这个时候,就失灵了呢?

两人百思不得其解,到学校和老师、同学进行沟通。可是,得到的反馈也是陈立是个努力上进的好孩子,虽然话少了些,但学习相当刻苦认真。

陈太太当然知道，儿子的学习态度没有任何问题，否则也不可能在这样顶尖的学校里，一直保持着这样好的名次。

她心里揣着疑虑，耐心地和同学们打听沟通。终于，有一位同学的话，让她找到了蛛丝马迹。

那位同学说："有一次发了周考成绩，我记得陈立特别生气，气得差点撕了卷子。"

这么一说，陈太太也有些印象。她记得那张卷子特别皱，问陈立时，他只说没有放到文件袋里面，所以弄皱了。

原来，背后还有这样的原因。

"那他有没有说为什么生气？"

"好像是因为有道题不该错，他做错了，因为这个被拉低了好几个年级名次。"

难道，是儿子对学习成绩特别在意，所以才会有这样反常的行为？带着这个疑问，陈太太再次拜访了陈立的班主任王老师。

王老师赞同她的观点，说："陈立是个乖孩子，一向没让我怎么操心。说起来，他确实特别在意成绩。"

她回忆说："每次考试成绩下来，我看他都特别紧张，对成绩并不满意。"

陈太太恍然大悟："对！他原先在初中时，基本都是第一、第二名。"

陈立是个优秀的孩子，得益于从小养成的良好的生活习惯、学习习惯。他的成绩优异，在此基础上，他建立了强烈的自信心。

作为父母，陈先生陈太太无疑是合格的。他们的做法，也值得很多朋友们借鉴。

每一个男孩都是独特的，在叛逆期时，他们所面临的问题也各不相同。

下面，我们对陈立父母的做法进行归纳总结，提供给各位家长朋友们进行实际操作、解决实际问题的步骤。当我们的孩子遇到这样的问题，或者是类似问题时，我们也有了参考的解决之道。

我们应该这样做：

第一步：拒绝焦虑，冷静思考

孩子的成长过程，并非一成不变，而是动态的、变化的，家长们对此一定要有清晰的认知。

尤其是在进入叛逆期之后，孩子接触到更广阔的天地，逐渐形成了属于他们自己特有的三观。自我意识的逐渐觉醒，促使他们对自我的要求越来越明确。

随之而来的，就是他们会在生活、学习，甚至性格上都发生改变。原本跟父母无话不谈的孩子，现在沉默寡言了；原本孩子活泼爱笑，现在每天心事重重了。甚至，父母说什么都不对，做什么都徒劳……

这些改变被父母看在眼里，难免会着急焦虑，但却并非孩子有意要跟父母对着干。

我们必须正确认识这一点，才能远离焦虑，进行下一步。

第二步：寻找原因，靠近孩子的内心

让我们再来回顾一下，陈先生和陈太太的做法。

首先，他们关心孩子，重视孩子的成长，所以在第一时间就察觉到了儿子的变化，并在商议后决定静观其变。其次，他们没有去逼迫孩子，而是选择了谈心的方式，尊重孩子。

陈立并不是拒绝与父母交流，他有他的原因。

如果在这个时候，他的父母对他施以高压，逼着他必须将真实的原因吐露出来，这将是对他自我意识的一次碾压，会对陈立正在成长中的人格产生负面影响。

既然儿子不愿意说，他们就采取了"曲线救国"的方式，到老师、同学那里去寻求帮助，终于功夫不负有心人，让他们寻找到了原因。

第三步：寻求专业人士的帮助

陈太太意识到，她虽然成功找到了原因，但并不适合直接去和儿子谈心。陈立将学习成绩看得这样重要，却又不愿意寻求父母的帮助，这其中一定有原因。

和陈先生商议之后，两人决定去寻求专业人士的帮助。他们找到市内一家口碑良好的心理工作室。就陈立的情况向心理治疗师进行了咨询。

在充分倾听了两人对陈立情况的描述后，心理治疗师对陈立的情况做出了初步判断分析：

1. **由于男孩第二性征的发育所带来的心理变化**

孩子在刚出生的时候，性别特征并不明显。小女孩也会喜欢玩奥特曼，小男孩也会对亮晶晶的东西感兴趣。

但随着他们的成长，男孩会越来越具有男人的特点。这一点，在陈立的身上表现得尤为明显。

他渴望成功，渴望因此而带来的强烈成就感。在他身上，我们看见了男人的事业心、进取心，这当然不是叛逆，这是男孩在朝着男人蜕变的过程。

2. **自我定位与现实的巨大落差所带来的耻辱感**

一向成绩优异的陈立，接受不了只能在高中的班级里排在前十的这个现实。虽然这个成绩已经很不错了，包括他的父母，都认可他的成绩。但对陈立来说，这就是巨大的失败。

所以，他会因为在考试时做错了一道题而愤怒，会越来越沉默。这种愤怒，是他在与自己较劲，来自他对自己的不满意。

他一直是父母的骄傲，强烈的自尊心让他耻于开口。他不甘于这样的失败，在心里默默下了决定，一定要重新回到班级前两名。他要拿着这样的成绩单，扬眉吐气。

但现实与愿望相反，在这个全市最好的学校里，前进一名都并非易事。他憋着一口气，却因为一直不能如愿，而越来越沉默寡言。

在这种心理的驱使下,他当然不愿意跟父母交流。拒绝沟通,只是他不懂得如何疏解这种情绪,而表现出来的现象。

心理治疗师的分析,让陈先生陈太太十分信服。更庆幸,他们没有做出错误的决定,没有逼着他开口,那样只会让他受损的自尊心雪上加霜。

于是,他们约定了时间,将儿子带到心理工作室,进行疏导治疗。

做过两次心理 SPA 后,心理治疗师就成功地解决了陈立的心理障碍,让他明白了两个道理。

首先,成绩不是衡量他是否成功的唯一标准

拥有良好的学习生活习惯、健康的体魄、自律独立的意识,才是决定一名学生是否能取得好成绩的关键。

而这些,得益于良好的家庭教育,陈立全部拥有。剩下的,就只是时间问题。

明白了这一点的陈立,不再急于求成,将自己放松下来。有了这种良好的心态,他在面对考试时发挥得更好,失误更少了,名次也缓慢前进了。

其次,我们迟早都会抵达终点,人生是长跑而非短跑

陈立才 15 岁,还未成年,人生对他来说才刚刚开始。

他所要做的事情,并非计较一次周考、月考的成绩,而是应该将眼光放得更长远,放眼到整个人生去看。

在人生的长河中,这丁点得失,又算得了什么呢?

这个道理，让陈立豁然开朗。他突然发现，因为一时的得失而苦恼、而不敢向父母倾诉心声的自己，是那么幼稚可笑。

"感谢爸爸妈妈，因为有你们的关怀，才让我少走了弯路。我会继续努力，但不会因为这个而苦恼。"这是他在感恩节那天，写给父母的信。

一个用"不"对抗全世界的男孩

刘恒是一名小学六年级的学生,也是老师和家长眼中让人头痛的孩子。他的口头禅就是"不"。

"不,我不想上课。"

"不,我不走那条路。"

"不,我不吃饭。"

一整天下来,从刘恒的口中会说出各式各样的"不"。不按老师的要求完成作业,不和同学们一起玩耍,不按父母说的话做。

眼看就要小升初考试了,刘恒的成绩还排在全年级倒数。刘恒妈妈愁得头发都快白了,每天只要刘恒一放学回家,她就不断督促着孩子:"快去写作业!快去吃饭！快去预习！"

然而，这些催促都收效甚微，回复她的永远是"不"。

看着刘恒满不在乎的样子，她恨不得替儿子完成作业，甚至去替他考试。但她毕竟不是刘恒，除了不断地催促和唠叨之外，她没有任何办法能让孩子变得听话。

刘恒爸爸急了，抄起衣架子狠狠地收拾过儿子几顿。但就算当时能让刘恒按照他的话去做，之后刘恒又我行我素起来。

而且，就算刘恒按要求去做了，也只是表面上敷衍了事，完成质量极差。

有一个这样的儿子，夫妻两人整天都愁容满面，羞于向他人提起自己的孩子。每当考试成绩出来时，他们连在街上走路都躲躲闪闪的，生怕碰到熟人问起儿子的成绩。

那么，刘恒真的是个坏孩子吗？

面对这样的孩子，我们又应该怎样实施正面管教

对所有事情说"不"是刘恒表现出来的现象，那么在这背后，真正的原因又是什么呢？

难道，他天生就是一个喜欢说"不"的孩子吗？这不可能。

冰冻三尺非一日之寒，想要解决这个问题，我们必须去深入了解这背后发生的事，再用正面管教的办法来着手解决。

第一步：了解更多信息，掌握第一手资料

刘恒是什么时候开始喜欢说"不"的？

面对这个问题，刘恒妈妈愣了一下，努力回想了许久，才用不确定的语气说："应该是在四五年级的时候。"

刘恒爸爸说："我在外面做生意，家里的事没怎么管，刘恒都交给他妈妈管。"

既然如此，妈妈应该很了解刘恒，怎么也不确定呢？

"他小时候很乖的，我让他做什么就做什么，所以当时我也没有放在心上。"刘恒妈妈解释着，说，"我也没有想到，事情会变得这么严重。"

刘恒妈妈回忆着："可能，是我在他小时候管他管得太多了，他现在才故意要气我，要跟我对着干！"

这件事的核心是刘恒，只从父母那里了解情况显然是不够的，我们必须要知道刘恒自己的想法。

"我妈？"刘恒笑嘻嘻地摊了摊手说，"她除了说不许干这个不许干那个，就是快去干这个快去干那个，还会说什么？我就不想做！"

他又陆陆续续说了一些和父母之间的相处情况，我们就知道了，他是如何成为一个用"不"来和全世界对抗的孩子的。

第二步：分析问题，揭开事实真相

刘恒的家庭环境，和很多家庭都是相似的。爸爸在外面忙着生意和事业，家庭教育中缺失了父亲的角色。妈妈作为全职太太在家，生活的重心就只有刘恒。

从小，妈妈就管他管得很紧。

用刘恒自己的话来说，他妈妈不止要管他做了没有，还要管他怎么做的这个过程。

他举了一个例子，让我们印象深刻。

那是一次航模比赛，刘恒兴致勃勃地选好了要参赛的航模，那是一架帅气的迷彩直升机。但是刘恒妈妈直接否定了他的选择，自行做主给他买了一架战斗机。

刘恒妈妈的理由是，她查过比赛的获奖数据，战斗机获奖的更多。所以从概率上来讲，不能选择刘恒所喜欢的直升机模型。

类似这样的事情，还发生了很多次。总是被妈妈干涉选择的刘恒，有一天突然厌倦了这样的生活，开始对妈妈说"不"。

然后，他发现拒绝了妈妈的要求之后，并没有带来想象中的严重后果。反而，这让他看见了妈妈对他说"不"的无可奈何。

他尝到了拒绝的甜头。

有了第一次，就有第二次，于是便成了今天的刘恒。

第三步：停止对抗，从父母做起

1. 想要孩子停止说"不"，父母先要学会将"不"用"要"代替

和孩子最亲近的就是父母，来自父母的习惯性否定，会产生两种截然不同的结果。一种是让孩子怀疑自己的能力，缺乏自信，从而变得越来越没有主见，不敢表达。而刘恒的现状，则是另外一种后果。

刘恒已经12岁，迈入了男孩的青春期。他自我意识的觉醒，让他对不断命令他、干涉他行为的妈妈产生了怀疑，进而产生了逆反心理，用"不"这样的方式与父母对抗，进而发展到和全世界对抗。

甚至，他在这样的叛逆行为中，看见老师、家长拿他没有办法的时候，产生了一种愉悦的感觉。

所以，在这个时候，首先要纠正行为的不是孩子，反而是父母。

对孩子的成长，尤其是像刘恒这样已经初步形成了人生观的男孩，必须正视他的思想成长过程，少说"不"多说"要"。

孩子本来是一张白纸，他的行为最容易受父母影响。妈妈习惯了说"不要"，孩子也就学会了说"不"。

就像上面刘恒所说的那次航模比赛，妈妈可以说"要用战斗机模型"，而非"不能用直升机模型"。

这只是一个在沟通上的小技巧，体现的却是正面肯定。长期养成习惯之后，就能形成良好的正面沟通基础。

2. 尊重孩子的选择

作为父母，我们必须要有清晰的认知：孩子的成长是必然的，不论家长们愿不愿意，他们都势必不会、不能一直处于自己的呵护之下。

刘恒从刚开始学会拒绝，到现在几乎对所有事情说"不"，这个过程花了两年时间。

而在这期间，又发生了大大小小的各种事情，他仍然在被妈妈否定。

孩子的选择或许不是最佳、或许幼稚，但那是他根据他的所知所见，做出的决定。哪怕就是错了，我们也应该允许他犯错。

毕竟，孩子犯了错，有父母和他一起承担后果，孩子还能在错误中吸取教训。而当他长大成人后再犯错，谁又替他收拾烂摊子？最终酿成的苦果，还是他自己咽下。

一个从小到大没有犯过错误的孩子，是不存在的。

尊重他、引导他，让他在错误中吸取教训、学会成长，这才是父母应该做的事情。

同样以上面那次航模比赛来举例，对刘恒来说，从选择航模类型到训练、再到比赛，这整个完整的过程都需要由他自己来感受。

父母可以给他建议，却不要代替他做决定。妈妈可以告诉他查到的结果，怎样才更有可能赢得这场比赛，而非直接替他选择。

无论刘恒是否采纳妈妈的建议，这其中的过程，需要由他自己去体验、去感受、去总结成败经验。

这是孩子的必经之路，任何人无法替代，哪怕父母也不行。

3．达成和解协议，逐步改善家庭教育氛围

造成现在的局面，并非一朝一夕。现在就算找到了症结所在，要改起来也不是那么容易。除了父母的改变，刘恒也应该调整自己，改掉用说"不"来消极抵抗的习惯。

在我们的帮助下，刘恒与父母达成了协议：妈妈改掉总是否定刘恒的这个坏习惯，爸爸在家的时间里多陪伴儿子。刘恒也承诺，父母对他生活学习上的合理要求他一定做到。

刚开始，这对三个人来说都是一件困难的事。

已经习惯了对抗的刘恒，要想改掉已经养成的坏习惯，需要进行更多的克制。而克制，对于一名12岁的少年来讲，绝非易事。

有多少次，那个条件反射的"不"字脱口而出后，他才意识到自己违反了协议。

而这次，刘恒妈妈已经认识到了她在教育上的失误，温柔而坚定地包容着刘恒。她认真仔细地观察儿子，越来越多次地尊重儿子的选择，"不要""快去"这两个词出现的频率越来越低。

刘恒爸爸也不再认为教育孩子是妈妈一个人的事情。

父亲的陪伴，给予刘恒另一个视角，一个从男人的角度来看待世界的视角。

慢慢地，"不"这个口头禅从刘恒嘴里消失了，一家人的氛围重新变得其乐融融。有了认可、尊重自己的父母，刘恒不再和全世界对抗，重新融入了班集体中，学习成绩也逐渐上升。

早恋，不是洪水猛兽

吴东最近有点烦。而这烦恼，还没人可以说，这让他更烦。在学校的时候，他躲着老师同学。回了家，他就躲着父母。

每天一大早出门，不敢回应妈妈的话，拿上书包就匆忙溜走。从学校离开时，他也匆匆忙忙，恨不得立刻走出校门。

每次，好像只有当他一个人走在路上的时候，他才能够自在一些。

好哥们儿浩子觉得他很奇怪，找了一天拖着他问："你这成天都着急得很，究竟在忙什么？"

吴东支支吾吾地应付了一通就要走，浩子又说："这个周六小娟过生日,她让我来问你,你去不去。"

小娟的生日?

吴东的脑中闪过小娟清秀的笑脸,顿时僵在原地。

"你是去,还是不去?"浩子捅了一下他的胳膊肘,"你倒是给个话。"

"我,我……"吴东一急,夺路而逃,只留下一句话,"我想想再告诉你。"

看着吴东匆匆离开的背影,浩子摇了摇头,更觉得他最近实在是太奇怪。

回到了家,妈妈在做饭,爸爸还没有回来。吴东跟妈妈打了个招呼:"妈!我先回房写作业。"

妈妈扭过头来,只看到吴东的背影。她嘀咕了一句:"这孩子,最近怎么古古怪怪的。"

吴东爸爸回来时,热气腾腾的饭菜已经端上了桌。

"孩子他爸,你去叫东东先出来吃饭,作业等吃完饭再写也不迟。"还有大半年就要高考了,为了吴东能有一个良好的考试状态,家里都在努力营造一个轻松的氛围,妈妈成天变着法给儿子做好吃的。

爸爸走到门口,敲了敲门:"东东,出来吃饭了!"

过了好一会儿,吴东才答应。出来的时候,也显得很没精神,面对一桌子他爱吃的菜,也没吃多少,就又进房去写作业了。

妈妈一边收拾着碗筷,一边跟吴东爸爸说:"他爸,你看这几天东东是不是有点不正常?"

吴东爸爸点了点头:"确实有些不正常。"

到了晚上十一点多,吴东才从房间里出来,对爸妈说:"这周六,我要去一个生日会,晚上回来再刷题。"

"同学吗?"妈妈问他。

"嗯,一个同学。"

"是谁?"

"你们知道的,是小娟。"说起小娟的时候,吴东显得有些局促。

吴东爸爸用眼神制止了妈妈的继续追问,答应了吴东:"不耽误功课就好,记得早些回来。"

等吴东回了房间,妈妈将爸爸拉回了他们的卧室,紧张地问:"他爸,你看这是什么情况?我们东东,是不是早恋了?"

吴东近段时间的反常,加上说起小娟时的样子,不得不让妈妈有这样的怀疑。眼看就要高考了,可千万不能在这个节骨眼上出事,这让妈妈不由得紧张起来。

早恋,对任何一个有正处于青春期孩子的家庭来说,都是一个让人紧张、忐忑的话题。

作为父母,一边担心孩子因为早恋而影响学习,一边又怕对孩子说教干涉会导致孩子产生逆反心理,左右为难。

那么,我们究竟应该怎么做呢?

第一步:正确认识早恋

什么是早恋?

首先，恋爱与早晚无关，通常人们所说的"早恋"这个概念，原本就带着一定程度的偏颇色彩。

从 10 岁开始，男女之间就会互生好感，再过几年就会产生朦胧的爱慕之情。恋爱，是人类正常的心理和生理行为，是到一定年龄发生的正常心理反应，应正确对待。

早恋，不是洪水猛兽，不值得谈之色变，更不要将其与道德败坏画上等号。

对此，家长一定要有清晰的认识，要理解并尊重孩子的情感变化，进行积极的引导。杜绝给孩子扣上各种消极的帽子，甚至实施打骂、威胁等家庭暴力。

第二步：支持孩子，做孩子能谈心的对象

我们要站在孩子的立场，去了解他的感受。让孩子明白，家长永远是他最坚实的后盾，他才能信任父母，将心里话都讲出来。

青春期的心灵，是青涩的，也是多变的。有了这样的情感变化，对孩子自己来说，也是十分新颖的体验，同时他们也不好意思说出口。这个时候，就需要父母的力量，替他们排忧解难、处理遇到的种种烦恼，进行必要的人生指导。

孩子如果在家长这里找不到安全感，就会去别的地方寻找。等到那个时候，想要再获取孩子的信任，就十分困难了。

具体的实际操作步骤如下。

1. 发现后,首先对孩子表明支持的态度

用支持,获取孩子的信任。

有了这样懵懂的情感萌芽,孩子首先想到的是隐瞒而不是告诉家长。在他们的心里,觉得这是羞于启齿的事情,是不好的事情。

而家长的支持,能降低孩子的戒备心理,达成基础的合作而不是对抗。

吴东从小娟的生日会回来后,发现爸妈都坐在客厅等他。他换了鞋子,就想进自己房间写作业。

"东东,你先等等。"吴东爸爸让他来客厅沙发坐下,说,"你现在学习压力大,我们也很久没有谈心了,今天正好聊聊。"

"爸。"吴东看着爸妈,内心十分忐忑地问,"有什么事吗?"

吴东妈妈拉着他坐下,笑着说:"没什么大事,我们就想知道一下,你是不是对小娟有那个意思?"

吴东吓了一跳:"妈!你怎么知道的?"这件事,就连小娟自己都不知道。

"这有什么。"吴东爸爸哈哈大笑,缓解了他的紧张,"我和你妈妈也年轻过,看你的样子就猜到了。"

吴东低下头,很不好意思。

"我和你爸商量过了,这是好事,证明我们儿子长大了。"妈妈笑着说,"你有什么心事,我们可以帮你拿主意。"

吴东没有想到,他深藏在心中的秘密会有被父母揭穿的一天。更没想到,等着他的不是呵斥、怀疑,而是支持。

2. 一次恳谈,了解实际情况

获得了孩子的基础信任,就能将谈话继续下去。

接下来,要对具体情况进行了解。这段朦胧的感情,进行到哪一步了?对方是一位怎样的人?人品如何?学习情况又是怎样?需要进一步了解后,才能给出对策。

而对吴东爸妈来说,情况就要简单得多。

小娟是吴东从初中到高中的同学,不仅学习成绩不错,每年还都能拿几个芭蕾舞的奖项回来。长相甜美,说话可亲,是一个好孩子。

这样的女孩,会得到男孩的喜欢,实在是合情合理。剩下的,就是了解具体的情况。

"这件事,小娟知道吗?"妈妈询问。

吴东连连摇头,涨红了脸说:"不知道,我不想让她知道。"

"为什么呢?"原来,还只是儿子暗恋。

吴东仔细想了想:"我怕她知道后,就会躲着我。"这也是为什么,他总是行色匆匆的原因。发现自己的感情后,他怕被小娟察觉,怕被任何人发现。

他很担心,一旦被小娟知道后,单纯的同学关系就会变了味。

原来是这样。了解了儿子的想法后,吴东爸爸说:"那你也不用躲着她，正常相处就好。像你现在这样，反而会被人看出不一样。你看，这不就被我们知道了吗？"

吴东挠了挠头，觉得爸爸说得很有道理。

"等你考上了大学，再来回头看。"妈妈说，"如果到时候你还是对小娟有好感，可以多联络着，顺其自然便好。"

随着时间的推移，少年的感情也会随之发生变化，也会更成熟。到了那时，吴东将会更好地处理自己的情感。

当然，吴东的情况是暗恋。那要是两人已经互有好感了，又该怎么办呢？

首先，绝对不能做出格、越界的事情。

其次，必须要为学业、彼此的未来而共同努力，共同进步。

父母和孩子应就这两条达成协议，并引导、督促孩子去积极执行。

3. 随时保持沟通，掌握孩子的思想动态

有了上面的基础，再对孩子提出要求，要求他有什么心里话要及时告诉父母。只有这样，父母才能根据他的心理变化，及时对他的人生做出引导。

并非父母不相信孩子，但有了父母的陪伴和指引，孩子的青春期就会度过得更平稳。

吴东听了爸妈的话，放下了心。将情愫藏在心头，同学们也不觉得他反常了。

过了几个月，他对爸爸说："爸，我觉得小娟是挺好

的,但我好像能正常面对她了。"

在一个宽松的环境下,让吴东坦然面对了心里的感情,能从容和小娟相处。这样下来,他见到小娟时仍然有好感,但却不会再像之前那样无法面对了。

男孩办事拖拉,应该如何正面管教

我们经常会听到这样的催促声:快点穿鞋!电梯都到了怎么还在磨蹭?你再不抓紧时间就迟到了!你怎么这么慢,一张卷子做到现在还没做完?赶紧把玩具都收拾好,过来吃饭!

这些话语,是不是很熟悉?

作为父母,我们经常会这样催促孩子,甚至会因为嫌弃孩子办事拖拉,由自己动手替他解决问题。

眼看快要出门了,孩子还没系好鞋带。妈妈等不及了,蹲下身子说"我来",于是快速地替孩子系好蝴蝶结,拉着孩子就走。

要出发去学校了,儿子的书包还没有收拾好。妈妈将儿子的书包拿过来,文具、课本、练习册等逐一检查,替孩子分门别类地收拾好。

这样的场景,是不是也很熟悉?类似的事情就发生在我们身边。

王磊正在上小学二年级,从他家里常常传出妈妈愤怒的斥责声。

早上起床。

"我都叫你两遍了!怎么还没起床?"妈妈进来看了一眼,催促着,"赶紧把衣服穿好,要吃饭了。"

当王磊出现在饭厅的时候,已经过去了十几分钟。妈妈看了一眼时间说:"快把红豆粥喝了再吃个包子,鸡蛋我们在路上吃,来不及了。"

但妈妈的急迫,并没有影响王磊的节奏。他拿起勺子,慢悠悠地喝起粥来。另一只手,还好奇地去扒拉包子馅。

妈妈看得着急,一边收拾外出的包包,一边催促:"你快点!我送你去了学校还要去上班。"

"哦,我知道了。"王磊虽然答应了,但速度并没有快多少。到了要出门的时候,还剩下小半碗粥。

妈妈一看时间实在来不及,让王磊拿着鸡蛋就出了门。

将他送到学校后,王磊妈妈才匆匆忙忙地赶往公司,在最后一分钟打了卡,一屁股坐在位置上喘气。

每天早上出门,都好像是一场战斗。

中午吃饭的时候,王磊妈妈跟同事抱怨说:"你说,我那儿子怎么就这么不让人省心呢?我简直想不通,我这个爽快人,怎么就生出这样磨叽的儿子!"

是的,王磊妈妈是一个性格风风火火的人,做事快速利落。所以,她就纳闷了,儿子怎么就半点没有遗传到她的良好基因,反而是个慢性子。

下了班,她开车去托管班接儿子回家,问他:"作业都做完了吗?"

"还有语文没做。"

"快去做!"王磊妈妈生气地说,"别的孩子在托管班,两门作业都能做完,只有你每次都剩下。"

她抓了抓头发,十分烦躁。让儿子去写作业,自己先忙着做饭。王磊爸爸回来后也到厨房帮忙,不一会儿就做好了一顿晚餐。

督促着王磊吃饭,又监督着他做了语文作业,好不容易等王磊洗了澡去睡觉。这个时候,已经是晚上十点半。

王磊妈妈靠在沙发上,十分疲惫。

这日子过得,每天都跟打仗似的。而一想到明天又是一次新的循环,她就觉得心头烦躁。

那么,问题究竟出在哪里?

不只是王磊这一个个案,很多孩子在父母看来都有办事拖拉的毛病。明明花五分钟能完成的事情,他们能花十分钟甚至更久。

最后，就变成了父母在替他们着急。要不就替他们完成，要不就是父母妥协。

形成这种现象的原因，是什么呢？

一、孩子从小得到的锻炼不够，让他们无法快速完成要求

在孩子的成长过程中，从牙牙学语的婴幼儿成长为一名小学生，他要经历学爬、学坐、学站、学走、学说话的过程。除此之外，他还需要去体会、去探索这个世界，用手去触摸，用心灵去感受。

这是孩子必经的成长之路，任何人不能代替，包括父母。

3岁时，幼小的孩子就能洗自己的小袜子；5岁左右，就能给自己搭配衣服、收拾书包，并帮助父母做一些简单的家务；上小学一年级后，就应该在家务劳动中，拥有独立自主的能力。

在孩子小时候，父母替他做得越多，他缺失的锻炼就越多。

等孩子逐渐长大时，我们又怎能去指责孩子："都这么大了，还什么都不会呢？"

试想一下，一个从小都是父母替他系鞋带的孩子，到了十几岁的时候，也仍然不会系鞋带。

哪怕是这样简单的生活技能，也需要反复练习，才能变得熟练。熟练之后，才会在需要的时候变得快起来。

二、父母替他们做得太多，孩子内心缺乏责任感与认同感

孩子在探索世界的过程中，父母要做的只是耐心地等待，看见他遇到困难时再加以引导。

绝对不能因为孩子的速度慢，而替他完成原本应该他自己完成的事情。否则，就会形成一个恶性循环。家长一直在替孩子完成任务，孩子就一直无法学会。

长此以往，孩子就形成一种依赖心理。认为不管自己怎么样，反正爸妈都会替自己完成，不用他自己负责。

没有为家庭付出过，没有为他自己打算过，孩子又怎么能产生对自己、对家庭的认同感呢？

将来长大后，就很有可以会成为社会上的"啃老一族"，成为巨婴。

三、孩子缺乏自我管理与时间规划能力

基于以上两点，孩子在动手能力上没能得到充足的锻炼，在心理上依赖父母，他们就无法形成独立的自我管理能力。

没有学会系鞋带的孩子，不知道如果是由他自己系鞋带，需要多长时间。更不会知道，他做一张卷子所需要的时间。

在他自己没有形成时间规划意识前，哪怕父母每天催促他"快没有时间了"。在他的头脑里，也很难形成一个明确的概念。

并非孩子办事磨蹭拖拉,而是他不知道该怎样才能快起来。

我们应该这样做:

第一步:耐心培养孩子的动手能力

从孩子能摇摇晃晃走路开始,就要让他做一些简单的事情,并加以鼓励。根据孩子的成长阶段,不断增加他能做的家务,从帮妈妈拿杯子开始,到独立地炒一道菜。

而在这个过程中,我们必须保持充足的耐心。允许孩子犯错,允许孩子速度慢,总有一天他可以熟能生巧。

第二步:设立原则,明确后果

孩子,也是家庭的一分子,他也必须承担责任。上学迟到的后果、不能按时完成作业的后果、因为他而导致妈妈上班迟到的后果……

不能因为他是孩子,就能被原谅,就能不遵守家庭的规则。他在学校,要遵守班级的规则;将来长大后,要遵守社会的规则。越早替孩子建立规则意识,孩子就越早受益。

只有承担了相应的后果,孩子下次才会改进。

第三步:培养孩子的时间管理能力

有意识地去训练孩子,具体到每一项事情上,让他了解自己完成这件事需要花费的时间。只有经过反复的强调、训练,孩子才知道时间该怎么分配,最终他才会对自己的时间进行管理。

那么，我们怎样才能改掉王磊拖拉的毛病呢？

他已经是小学二年级的学生，但却不具备这个年纪的能力。

首先，妈妈需要耐下性子，去仔细观察儿子在生活中不足的能力，并有意识地加以训练。比如自己穿衣、系鞋带，单独拨出时间来练习，最终达到一个合理的完成时间。

完成作业时，可以先让王磊预估自己需要多长的时间，再记录下他实际完成的时间。找到差距，并不断缩小这个差距，就能提升效率。

其次，要让王磊参与到家庭事务中来，让他明白他做的事情，会影响到整个家庭。

举一个简单的例子：某一天妈妈因为王磊耽误了时间，而导致那个月失去了全勤奖。王磊就应该从自己的压岁钱里面，拿出相应的金额来补偿。

只有亲身感受过了，他才能明白时间管理的重要性。

教育绝非一蹴而就，要改掉孩子办事拖拉的毛病，也不是只要知道了方法，就能马上达成目的的。

刚开始的时候，还需要付出更多的时间。但只要经过反复训练，保持耐心，就会发现，孩子能做到许多我们原本以为他们做不到的事情。

都说男孩要贱养，对吗？

不知道从什么时候起，"女孩要富养，男孩要贱养"这句话，深受人们的追捧。

甚至有新闻报道过"贱养男孩"的事例，让人印象深刻。

新闻里说，那个男孩从小就以为自己家庭环境很差，因为一家三口都挤在一套四十多平方米的阴暗房间里，吃穿都很拮据。当他长大后，才知道原来爸爸经营着一家颇有利润的公司，只是为了让他能在艰苦环境下勤奋学习，一家三口才辛苦了十多年。

当他知道了真实情况后，立刻就爆发了。

他不能理解父母为了他所付出的苦心，他只记得从小到大，他因为家庭环境差而受到的那些冷眼、嘲笑，和自己因此而变得自卑的性格。

当然，这是一个极端的个案，是我们所不赞成的教育观念。那么，在日常生活中，我们见到的"男孩贱养"又是怎样的呢？

周华是一名刚上小学的男孩，他的妈妈正是"男孩贱养"这个观念的坚定执行者。她最常说的话就是："嗨！别管他，男孩就是要贱养，不能太娇气了！"

一年级下学期开学不久，学校组织了集体春游。除了告诉家长们注意事项之外，因为是低年级的孩子，老师还要求家长替孩子准备在路上吃的零食、水、牛奶等，另外给孩子带上一些零花钱备用。

这是进入小学后的第一次春游，妈妈高高兴兴地替儿子准备着，但周华看起来却兴致不高。

"妈妈，我能不能不去？"

"怎么能不去呢？"妈妈反驳着说，"这是集体活动，每个孩子都要去的。"

周华低下头，"哦"了一声。

妈妈也没有往心里去，把他送到学校后，就去公司上班了。

没想到才刚刚吃了中饭，她就接到班主任刘老师打来的电话，说在春游时周华跟同学发生了冲突，两个孩子都受了伤。

这是怎么回事？

周华一直都是个听话的孩子，她根本想象不到，儿子还会有跟别的小朋友打架的一天。

听到这个消息，周华妈妈连忙请了假，急急忙忙地到了学校。

"刘老师，对不起，都是我平时没有教育好。"周华妈妈看见两个孩子都没有什么大事，一颗悬着的心才放了下来。

她看着周华说："还不赶紧给老师和同学道歉？"

"我不！"周华大声反驳，"我没错！凭什么道歉？"

"这孩子……"周华妈妈很是尴尬，又再次给班主任和对方道了歉，"我回去一定好好教育他。"

回到家，妈妈问周华："儿子，不管怎样，打人都是不对的，你能跟我说说究竟是什么原因吗？"

周华开始并不想说，后来妈妈又询问了几遍，他才说出了当时发生的事情。

"谁让他看不起我，说我家没钱！说我穷就别来上这么好的学校。"周华的声音里带着哭腔，"妈妈，我们家真的很穷吗？"

妈妈大吃一惊："谁说我们家很穷了？"

"不穷吗？"周华说，"春游的时候，我身上的零花钱是最少的，带的零食是没有人吃的糙米饼。他们都是带巧克力薯片，一大堆人围着分着吃。"

他吸了吸鼻子,继续说:"还是在幼儿园的时候就这样了,去年的秋游也是。所以,什么春游秋游,我一点都不想去,去了也没什么人跟我玩。"

怎么会这样?

在替周华准备东西的时候,妈妈确实是有意识地挑了价格便宜但安全的零食。跟很多妈妈一样,她认为男孩要贱养,能吃饱穿暖就行,没必要讲究那么多。

不只是在吃喝上面,周华的衣服通常也都是便宜的,有时候还拣表哥的旧衣服来穿。周华妈妈认为:孩子嘛,每年都在长个子,穿得再好也是浪费!

听见了儿子的哭诉,妈妈才惊觉,原来一直以来,是她错了。

周华妈妈走入了男孩教育的误区,让我们以专业的角度进行剖析总结,具体错在哪里?

一、男孩贱养,并不是指刻意降低生活质量

中华人民共和国成立以来到现在,中国社会已经进入高速发展阶段。在党的领导下,人民的物质生活水平迈上了一个新台阶。大部分人,都能达到"吃饱穿暖"这个基础条件。

所以在这个时候,不需要去刻意降低孩子的衣食住行条件。当然,并不是说要满足孩子的一切要求,提倡铺张浪费。

那么,这个尺度应该怎样把握呢?

其实很简单，根据家庭的实际经济条件，给孩子相应的生活水平就行。爸爸妈妈及家人怎么生活，孩子就怎么生活，无须刻意去满足或降低孩子的生活标准。

二、孩子的心灵需要细心呵护，在这一点上不分性别

千万不要因为是男孩，就忽略了他的心理需求。

在成长过程中，孩子用他们懵懂的双眼来打量世界，他们最先接触到的就是家庭。他们不只是一天天长大，随着年龄增长，心理也在逐渐发生变化。

在婴幼儿时期，对他们影响最大的是父母、家庭。进入幼儿园后，就有了老师、同学、朋友。从那个时候起，他们就开始在意别人对自己的评价。

孩子的心灵是弱小的，在这一点上，不分男孩女孩。作为父母，我们要做到的就是及时关注孩子的心理变化，并加以疏导。

很明显，周华已经因为刻意的"贱养"而导致了自卑心理。他选择了动手打人，正是想要用愤怒掩饰自己的自卑情绪。

那么，我们要怎样正确理解"男孩贱养"这句话？

首先，这里的"贱"并不是指不"尊重"，而是告诉父母要鼓励男孩要有责任心，要培养男孩的独立自主能力。

在男孩做错事的时候，要鼓励他有担当，勇于承担责任，不能逃避。

就像周华因为被同学嘲笑家里穷，生气动手打人的这件事情。他和那个同学都有错，两人都要承担相应的后果。

在这个时候，妈妈应该在第一时间问清楚事情发生的原因，督促儿子给同学赔礼道歉。

其次，要在教育上富养男孩。

读万卷书，行万里路。尤其是男孩，眼界一定要开阔，才能获得广阔的心胸与格局。

作为父母家长，一定要舍得在教育上对男孩投资，尽可能地让孩子获得优质的教育资源，拥有良师益友。在学习上，教导孩子无惧挫折、不怕困难、勇攀高峰，就是对男孩最好的锻炼与教育。

明白了这一切之后，周华妈妈诚恳地给儿子道了歉，将家庭经济情况如实地告诉儿子。

"儿子，我们家和你们大多数同学一样，都是普普通通的家庭。他们能买得起的东西，我们一样也都买得起。"

"真的吗？"周华不敢相信，这和他一直以为的完全不一样。

周华妈妈拉着他的手，愧疚地说："真的，是妈妈觉得，要养成你艰苦朴素的习惯，所以才故意让你吃些苦，并不是买不起。"

"从今天起，只要你不浪费，妈妈答应你，吃的穿的都和其他同学一样。"

周华妈妈说到做到,不再刻意"贱养"儿子。慢慢地,周华的性格重新变得活泼起来,也不再抗拒和同学们一起的集体行动。因为他知道,他的家庭和其他同学家庭并没有本质的不同。

他的未来,掌握在他自己手中。

爸爸的责任：男人之间也有悄悄话

父亲，对儿子来说意味着什么呢？

父爱如山，沉稳内敛。

爸爸，是男孩儿时心中的英雄，是无所不能的超人。长大后，父亲仍然是那棵参天大树，是儿子心头的坚实依靠。

父亲的言行举止，对男孩三观的形成影响巨大。有些秘密，儿子只愿意告诉父亲。假若这个角色缺失，他就会向外部寻找倾诉对象，甚至会误入歧途。

王山是一名正在读初二的男孩，他兴趣爱好广泛，在同学中人缘很不错。

但是在最近，细心的妈妈却发现，他在家里的话越来越少，也不愿在家里多待。到了周末，他总是约同学出去，甚至有一两天回家的时间比正常要晚。

问他的时候，他总是有非常正当的理由，妈妈也就没有放在心上。儿子大了，原本就要有他自己的交际圈子。

然而，当期中成绩出来时，妈妈大吃一惊。

原来能在班上排十多名的儿子，一下滑到了第三十八名，变成了倒数。每一科的分数，都有不同程度的下降。

开完期中家长会，班主任老师特地将王山妈妈留下来，让她多关注孩子的思想动态。这样突然的名次下滑，背后一定有原因。

老师说："他在课堂上走神明显，有好几次抽他回答问题，都答不上来。"

妈妈带着王山回到家，一进门就看见王山爸爸神情严肃地坐在客厅沙发上。一接触到爸爸的眼神，王山就情不自禁地缩了缩身子，想要冲进自己的房间去。

"王山，过来！"爸爸喝止了他，"你躲得掉吗？"

王山求助地看了一眼妈妈，妈妈说："我们是应该好好谈谈了，了解一下你考得差的原因。"

还有一年就要中考了。

按王山原来的成绩，他考上本校的高中没有问题。但班级第三十八名，就肯定没有希望。他所在的这所学校，是本市的重点中学，在一开始就读的时候一家人就已经想好，是要直升本校高中部的。

得不到妈妈的支持，王山只好极不情愿地走过去，找了一个离爸爸最远的地方坐下。

"这次的成绩，是怎么回事？"爸爸的口吻十分严厉。

"没……没怎么回事，就是没考好。"

嘭的一声响起，王山被吓得打了个哆嗦，茶几上的水杯翻了，水从茶几上流淌到地上。

"好好说，别吓着孩子。"妈妈连忙打着圆场。

爸爸冷静了一下，说："要不是看在你这么大了，我非得狠狠收拾你一顿！自己去反省，反省好了来跟我说，到底是什么原因。"

小时候，王山没有少挨爸爸的打，听见这句话如蒙大赦，连忙回到自己房间。

客厅里，王山爸爸看着妻子说："这都是你惯出来的！"

"怎么都是我的错了？"王山妈妈觉得委屈，"儿子成绩不好，你除了打骂还做过什么？"

王山爸爸性格严肃，奉行"严父慈母"，对着儿子几乎就没一个笑脸，也从来不夸赞他。

"老师说让我们了解他的思想动态，你光吓他有什么用？"妈妈埋怨着。

"他还是学生，只要想学习就好了。"爸爸皱着眉头，说，"那些乱七八糟的想法，在我们家不允许！"

然而，王山正值青春期，处在形成世界观、价值观、人生观的关键时期。父母能管理他的行为，但却绝不该禁锢他的思想。

我们需要宽容男孩、认同男孩，引导他走上正确的人生道路。但很明显，一位跟儿子零沟通的爸爸是做不到的。

我们要和孩子进行正面沟通，具体步骤如下：

第一步：彻底改变父亲的教育观念

在王山身上出现的问题，爸爸要负主要责任。要解决王山的问题，首先要解决的，是改变爸爸传统固有的思想观念。

教养男孩，应宽严并济，不可一味地严格要求，当然也不能过于溺爱纵容。

在青春期时，受到爸爸关爱和鼓励的男孩，在成长的过程中会汲取来自父亲的力量，让他能理性对待遇到的困难，去想办法解决问题，而不是逃避退缩。

在家庭里，父亲的地位并非神圣权威不可挑战。

在男孩面前，爸爸应以身作则，成为儿子心目中的男人榜样。保持威严固然重要，但更重要的是，父亲需要提供给孩子安全感，成为孩子可信任的人。

爸爸必须明白，为了孩子未来的人生，自己的教育观要及时更新，与时俱进。不当之处，该改就改。切不可死守着旧有的已不合现代教育的观念，耽误了孩子，也给自己的家庭增添烦恼。

第二步：与孩子分享小秘密，重新赢取信任

因为父亲长期以来树立的严厉形象，王山对爸爸的畏惧多过信任。父子两人连正常谈话都很少，更别提谈心。

那么，应该怎样做，才能够重新建立这份信赖呢？

在这里，跟爸爸们分享一个小技巧，能快速修补父子关系。

试问，谁会一出生就是成年人呢？就算成年人也有犯错的时候，也会有糗事。做爸爸的，也有儿时调皮淘气的时候。

找到机会将这些无伤大雅的小事说出来，既不会损伤父亲的尊严，也会拉近和孩子内心的距离。

冰冻三尺非一日之寒，想要改变一段已形成的关系，让王山向爸爸吐露藏在心头的秘密，这更需要时间。

知道自己的问题之后，王山爸爸有意识地在儿子面前保持和缓的态度，偶尔也会跟王山开一些玩笑。让儿子感觉到，爸爸并不是一个刻板的符号，而是一个和他一样有血有肉的人。

在这个过程中，爸爸一定要克制自己的本能反应，不能着急。不能因为儿子的反应未达到预期，而让所有努力都付之东流。

第三步：寻找合适时机，聆听孩子倾诉

王山爸爸努力了大半年，才和儿子重新建立了融洽的父子关系。父子两人能在一起讨论国内外时事，一起出门看足球比赛，一起去骑自行车。

这些活动，逐渐占据了王山的周末时间，让他外出的时间越来越少,在家的时间多了起来。

在这期间,王山的成绩有所好转,但也没恢复到原先的水平。王山妈妈有些着急,但爸爸耐住了性子,说:"儿子的基础不差,只要能解决他心里的问题,我相信学习成绩就不是问题。"

爸爸在等一个合适的时机,让儿子跟他敞开心扉的恰当时机。

这个周日,王山一家人去参加了亲戚的婚礼,在回来的路上王山提议和爸爸一起骑自行车,于是妈妈就先回了家。

绿道上树荫婆娑,轻风拂过发梢衣角,王山的心情十分放松。

到了一个休息的地方,爸爸买了两瓶矿泉水回来,递了一瓶给王山,笑着问:"你不需要我替你拧瓶盖吧?"

对爸爸偶尔的小玩笑,王山现在已经习惯,同样笑着回答:"当然不需要。"他觉得,这样能和爸爸相处的时光,以前是连想也不敢想,就好像在做梦一样。

喝了水,王山想了想,说:"爸,有件事我一直没告诉你。"

"哦,是吗?"爸爸说,"那你现在准备好告诉我了吗?"他并没有催促,等了这么久,他不想因为催促把事情搞砸。

王山想了想,大力点了点头。这件事,他跟关系好的男同学在私底下探讨过,也没讨论出结果来,或许,在爸爸这里能得到答案。

但是说起这件事,他还是很不好意思。

"从去年暑假开始,我就老是做一些梦。早上起床的时候,发现内裤有遗精。"第一次的时候,他被自己吓了一跳,问过同学才知道是遗精。

这件事给王山造成了很大的心理负担,他说出藏在心里的恐惧:"我是不是得了什么病?还是说,我是个坏孩子?"

爸爸听到这件事,先是愣了一下,接着惭愧地说:"孩子,这都是爸爸不对。你现在青春期,已经开始了第二性征的发育,我却没有把这些事情都告诉你。"

他看着王山,认真地说:"这不是病,这是梦遗。男孩进入青春期后,每个月两次左右都是正常现象,你当然不是坏孩子。"

"这是正常的生理发育,冬天棉被盖得太厚太暖和,或者裤子穿得太紧了,都会发生。"

"真的吗?"王山欣喜若狂,不敢相信他担心了很久的问题,就这么被解决了。

"当然是真的。你不用放在心上,只要规律作息,加强锻炼,注意不穿紧身裤,慢慢次数就会减少。"

解决了心头大患,并得到了爸爸的认可,王山整个人都变得轻松起来。

后来再发生梦遗的情况,他不再偷偷摸摸地去洗内裤,而是会悄悄告诉爸爸，两个人一起分析梦遗的原因。

　　没有了心理负担，王山的成绩回到了正常水平，甚至还前进了几个名次。自从爸爸改变了教育观念，一家人在一起其乐融融。

第二章

正向管教第一步：不骄纵、不惩罚

其实，正面管教并不复杂，也不神秘，我们只要保持一个正确向上、遇到问题积极面对的教育观，就能做到正面管教。我们所看见的那些优秀的孩子，他们的家长不一定都学习过正面管教，但他们一定在实际的教育中，都做到了正面管教。

在本章中，我们将从各个角度来诠释正面管教中的一个基础概念，即用不骄纵、不惩罚的态度来教育孩子，做到正面管教的第一步。

怎样用正面管教代替骄纵

"爸爸,你怎么吃了我的威化饼干?那是我的!"

"今天的晚饭太难吃,我不吃了!"吴江很生气,将自己的碗摔到地上,哐当一声响,摔碎后的瓷片溅得到处都是。

"你滚开!你挡住我看电视了!"

吴江在家里,肆意发号施令,而爸爸妈妈就赶紧道歉。

"对不起宝贝儿,我刚刚饿了才吃一块,一会儿再给你买一袋。"

"哎呀我的小祖宗,你可千万别乱走,等我把这些都收拾好,省得扎了你。"妈妈一边收拾一边问,"昨天你不是说想吃香菇肉丝吗,怎么炒出来又说难吃了?你想吃什么,妈妈再给你做去。"

"好好好，我这就走。"妈妈拿着拖布赶紧从电视机前面离开。

这样的场景，每天都在家里上演着。吴江稍有不如意就会发脾气，爸爸妈妈就赶紧答应他的所有要求。

一个周末，妈妈很久没见的大学同学韩丽来到家里做客。她才刚刚进门，坐在玄关那里换鞋，吴江就走过来看着她说："这是我的位置，你走开。"

吴江妈妈有点尴尬，忙上来哄着吴江："阿姨第一次来，你就让她坐一下你的位置，好不好？"她又转头跟韩丽说："不好意思啊，吴江坐惯了这个位置，都不让别人坐的，连我都不能坐。"

"没关系。"韩丽笑了笑，起身换了一个位置。

她发现，因为玄关狭窄，在换鞋那里只有两个位置，而给吴江坐的是一个小沙发，占了三分之二的位置，难怪她进来并没有注意到另外一个小板凳。

吴江妈妈和韩丽是在大学时关系很好的同学，两人很久没见，吴江妈妈张罗了一大桌菜，吴江爸爸下班回来后，就四个人一起吃晚饭。

"妈！我要吃那个。"吴江用筷子指着离他最远的那盘肉末茄子。

"哎，好！"吴江妈妈应了，将那盘菜端到了吴江面前，笑眯眯地说，"来，多吃点。"

整顿饭,吴江妈妈几乎都围着吴江在打转。好不容易吴江吃完了饭,离开椅子连招呼也不打,就去客厅开了电视,看他最喜欢的动画片。

到了这个时候,吴江妈妈才能坐下来,好好吃上几口饭。

动画片的声音开得很大,伴随着吴江咯咯咯的笑声从客厅一起传来。

韩丽看了一眼客厅的方向,对吴江妈妈说:"你们这也太惯着他了。"

从进门到现在,她亲眼看见在这个家庭里,儿子吴江的地位是最高的,爸爸妈妈都好像是他的仆人。作为大学同学,她不得不劝上几句。

吴江妈妈还没说话,吴江爸爸就开口了:"你不知道,吴江从小身体不好,生过一场很严重的病。从那个时候起,我就发誓这辈子只要他身体好,其他的他要什么就给什么。"

"是啊,他还小,还没满6岁,以后长大了他自然就知道了。"吴江妈妈说,"我们也陪不了他多少年,只能趁现在对他好些。"

原来是这样。

吴江爸妈对他的骄纵,都来源于那次差点失去儿子的恐惧,于是给予了他补偿式的溺爱。

他们这样做对吗?相信大家心里都有答案。

我们就此事来研究骄纵究竟会对孩子产生怎样的负面影响

问题一：家庭地位严重失衡

这一点，源于父母的补偿心理，对吴江过分骄纵所导致的后果。

一家三口，儿子在家里地位最高，他的话就是命令，就算是无理要求，到最后妥协的也是父母。这样的状态下，当然不是一个健康的家庭，也无法让吴江健康成长。

在一个正常的家庭中，每一位家庭成员无论年纪大小，都有相应的义务和责任。只要孩子学会了走路说话，他就应该明白，在这个家里，他处于怎样的位置。

父母作为成年人，承担起工作挣钱的责任，也有将孩子培养成社会有用人才的义务。孩子年纪幼小，应该遵循父母的指引，养成良好的学习、生活习惯，并承担作为家庭一员的责任。

让一个心智还未发育成熟的孩子，来指挥成年人，这绝对是错误的行为，是缺乏理智的爱。长此以往，会形成畸形的家庭关系，爸爸妈妈得不到应有的尊重，孩子也无法健康成长。

问题二：吴江性格自私、骄横乖张

从很多细节上，我们已经能看到骄纵的恶果。无论是面对爸妈，还是第一次见面的阿姨，吴江都只考虑自己。

因为长期以来父母都听他的，不对他的行为进行校正，让他产生了"我的要求都是对的、都应该被满足"的错觉。所以，他无法替他人着想，他使用得最多的字就是"我"，他是一个以自我为中心的孩子。

在这样环境下长大的吴江，能学会让步吗？能明白什么是宽容吗？

很显然，这些品质并不会随着年纪的增长，让他意识到自己的错误。将来成人后，这样自私自利的性格，会导致他在事业上难以与他人协作，在感情上无法懂得另一半的感受，而遭受挫败。

问题三：吴江不懂礼节，欠缺规则意识

"仓廪实则知礼节，衣食足则知荣辱"，早在我国春秋时期，一代名臣管仲就将礼节纳入治国良策之中。在今天，礼节更是人际交往的法宝，是无往而不利的利器，也是一个人的重要名片。

在社会中，每个人都需要不断地和陌生人打交道，而见面的第一印象，往往决定着对方的观感与喜恶，也决定着接下来的事情是否顺利。

一个能让妈妈滚开的孩子，一个因为饭菜不合胃口就摔碗的孩子，吴江根本不懂什么是礼貌，目无尊长、口无遮拦。他以自我为中心，认为他的要求就该被满足，难以融入社会共同遵守的规则中去。

这样的孩子，长大后只会处处碰壁。

我们应该这样做:

第一步:父母立刻停止对孩子的骄纵,正确认识到这样的行为给孩子带来的危害

父母是为了孩子好,想要给他父母能给的最好的一切。这个观念本身并没有任何问题,问题在于什么才是"对孩子最好的"。

由着孩子的性子来,满足他的一切要求,就是最好吗?要知道,孩子尚且幼小,他所提出的要求无非就是买玩具、看电视、玩游戏等,父母满足起来并不困难。但随着孩子年龄的增长,提出的要求就会越来越高,当一旦有一个无法满足的要求出现时,父母又该怎么做呢?

与其到了那个时候孩子埋怨父母,不如在孩子小的时候就培养他正确的观念,这才是真正为了孩子好,才是真正对孩子的未来负责。

第二步:面对孩子的各种要求,运用正面管教进行引导教育

吴江现在已经养成了任性的坏脾气,父母可以分成两个步骤让他逐渐进行改正。

步骤一:延迟满足

先告诉孩子,这个家并不是围着他转的。孩子可能并不懂得是什么意思,但没关系,父母用实际行动加深这个印象,让他逐渐明白父母在这个家庭中真正的位置,他的要求并不是排在第一位。

举例：吴江看见电视广告里的陀螺玩具，想要马上去玩具店里买一个。妈妈应该温和地告诉他"等妈妈洗完了碗再出去"，并不是马上放下手里的家务，先陪他去买。类似的要求，也照此处理。

步骤二：奖励正确的行为

对孩子做对的事，及时给予夸赞，对他的无理要求不予理会，指出孩子的错误，但也不要加以惩罚。

还是上面那个买玩具的例子，吴江听见要等妈妈做完家务才能去买，立刻就坐在地上大哭起来，一边哭一边摔手里的玩具。这个时候，吴江妈妈不要心疼孩子，更不要去哄他，正确的做法是离开他，去做自己的事情。当哭闹得不到想要的结果，吴江自然也就不哭了。

妈妈洗完了碗，看见吴江坐在那里，就表扬他："儿子真是个好孩子，现在懂得等妈妈了！"然后再带他出去买玩具。

孩子天生就是渴望被表扬、被赞同的，被妈妈认同的快乐不亚于得到玩具。

只要善用正面管教，在长期的坚持下，吴江一定会从家里的小霸王成为一个人人夸赞的优秀孩子。

不惩罚，如何管教好孩子？

在某实验小学的三年级二班，有一个叫黄伟的男孩，经常能见到他的身上青一块紫一块。老师问他时，他就说是被爸爸打的。

因为这个，班主任周老师找他的家长谈过好几次，但在孩子的身上，仍然时不时出现伤痕。周老师打电话过问的时候，黄伟爸爸每次都答应得很干脆，可惜没有任何作用。

在班集体里，黄伟和同学们相处得很不好。同学之间发生矛盾时，他总是先动手打人的那一个，还经常搞恶作剧，有将同学的课本藏到垃圾桶里等行为。

"黄伟爸爸，要麻烦你到学校里来一趟。"

"周老师,是不是黄伟又闯了祸?"黄伟爸爸的声音听起来很愤怒,"老师对不起,我这就来!"

"等等……"周老师的话还没说完,他就已经挂断了电话。

黄伟爸爸赶到了学校,看见站在老师办公室里的黄伟,劈头盖脸就打了下去,一边打口中一边呵斥:"我叫你调皮!我叫你不学好!你就不能让我省心一点,我每天工作那么累。"

黄伟条件反射地抱着头,一边躲着爸爸挥舞的拳头,一边后退。但老师办公室并不宽敞,桌上都堆满了书本作业,过道上还放着椅子,黄伟能躲的地方并不多,转眼间就被狠揍了几下。一个耳光呼地扇过去,他脸上浮起五个手指印,嘴唇也破了皮,淌下血来。

办公室里的老师都惊呆了,周老师第一个反应过来,连忙上前制止:"住手!"

黄伟爸爸就好像没听见,又追着打了黄伟好几下,这才怒气冲冲地停了手。

他把黄伟拎到了周老师面前,大声道:"快给老师道歉!"

"你这是做什么?"周老师把黄伟拉过来护到身后,"黄伟爸爸,我跟你沟通过很多次了,不管怎样也不能动手打孩子。"

"你看看,都把孩子打成什么样了?"周老师接过其他老师递过来的纸巾，替黄伟擦了嘴角的血。

黄伟害怕得不敢说话，躲在周老师背后瑟瑟发抖，连看也不敢看爸爸一眼。

看到这里，想必大家对黄伟爸爸这样的行为，都不会赞同。不论孩子犯了怎样的错，首先要问清楚事情真相，而不是这样不分青红皂白地打了再说。

那么，在这件事情中，黄伟爸爸给孩子带来了怎样的伤害？

一、长期体罚，导致孩子处理情绪的能力弱

黄伟挨打，并非一次两次，而是一种长期的行为。

家庭，是孩子学习的第一个场所，父母也正是孩子学习的第一个对象。因为在家经常被打骂，黄伟不知道该怎样表达自己。他没有办法稳定自己的情绪，也无法学会如何和同学相处。

爸爸教给他的是拳头，于是他也只懂得用拳头来代替语言。和同学发生矛盾的时候，他不知道该怎样做，只好用打人来保护自己。

久而久之，黄伟就受到同学们的排挤和疏远。他年幼的心灵无法理解这一切，更不知道原因，只好用恶作剧的方式来吸引大家的注意。

二、当众责打，伤害孩子的自尊心

孩子年纪小，但这并不意味着他们没有自尊心。作为父母，我们必须学会尊重孩子，尤其是在亲戚、老师、同学面前，一定要有保护孩子自尊心的意识。

黄伟爸爸这样的行为，带给孩子的不只是肉体上的伤害，还会带来精神损伤。在老师面前被这样责打，孩子感受到的除了爸爸愤怒的心情还有恐惧、羞愧、无地自容。

遭受这样对待的孩子，会变得自卑、缺乏自信、没有安全感、难以对他人产生信任。将来长大成人后，他也很难建立良好的沟通意识，很难在社会中找到自己的位置。

这才是正确的解决办法：

步骤一：充分沟通，父母必须改变教育观念

孩子是一张白纸，父母带给他们怎样的教养，他们就会成为什么样子。长期被惩罚的孩子，他们的世界是灰暗的，内心被害怕、恐惧、逃避的负面情绪所充斥。试问，这样的孩子，如何能拥有阳光积极的人生观？

惩罚孩子，大多数家长的初衷都是纠正孩子所犯下的错误，认为必须要以这样的方式，才能让孩子记住，才能让他们下次不再犯同样的错误。

然而事实上，却适得其反。孩子记住了被惩罚的难过伤心，以及肉体上的痛苦，在这样强烈的情绪之下，家长要让他们做好的事反而变得印象模糊。所以，惩罚能帮助孩子成长，替他们纠错吗？答案显然是否定的。

真的为了孩子好，就不要用这样的方式来惩罚孩子。

这一次，周老师和黄伟爸爸进行了一次长时间的恳谈，从教育的初衷，到责打对孩子造成的伤害等各个角度，对黄伟爸爸的行为进行了全面的分析阐述。

"黄爸爸，我们都理解你的心，你也是为了黄伟好。但如果打骂能解决问题，你今天也不会坐在这里了，对吗?"

黄伟爸爸仔细想了想，不得不承认老师说的就是事实。

"这次让你来学校，是因为黄伟又打架了。他打架不对，但这次却是为了帮助班上的同学。在中午吃饭的时候，有几个高年级同学往我们班女同学的餐盘里吐口水。黄伟看见了，就挺身而出。"

"真的?"黄伟爸爸不敢相信，如果是这样，他就是错怪了儿子。

周老师点点头，十分肯定地说："当然是真的。所以这次请你来，不只是要教育黄伟，还有那几个高年级的同学也要为他们的行为向受欺负的同学道歉，她们也要向黄伟道谢。"

最后，周老师语重心长地说："我们教育孩子，不能光看他犯错的一面，还要肯定他的优点，赞美他的正确行为。"

步骤二：用正面管教代替惩罚

1. 赞美孩子的优点，肯定他的付出

对孩子来说，责骂十句，都不如正面肯定的一句话。

来自家长、老师的赞美，正是促进孩子们向上的动力。他们在赞美中汲取成长的能量，在鼓励中学习到什么才是正确的行为。

黄伟有一颗帮助同学不受欺负的心，他的方式错了，但并不代表他出发点是错误的。

面对几个高年级同学，他有不畏危险的勇气，有挺身而出的义气，我们应该给予充分的肯定。

2. 帮助孩子树立正确的是非观

孩子的心中本无对错，家长有义务告诉他，什么是对，什么是错。

就像这件事情，黄伟帮助同学是对，动手打架是错。

"黄伟，下次再遇到这样的事情，不能用打架解决问题，知道吗？"周老师温和地告诉他，"打架不能解决问题，只会让事情越来越糟。而且，你自己也会有危险。"

"我知道了，下次会告诉生活老师。"

黄伟爸爸歉疚地看着儿子，说："儿子，对不起，是爸爸没有弄清楚就打你。爸爸向你保证，以后绝不会动手打你，但你也要答应爸爸，不能再对同学动手。"

这是黄伟第一次听见爸爸的道歉，对爸爸的承诺，他的内心并不敢完全相信。

3. 反复教导，矫正孩子的行为

对孩子已经养成的坏习惯，我们要保持充足的耐心。

黄伟动手打人的坏习惯已经养成，要改过来并不容易。但只要给他时间,爸爸遵守对他做出的承诺,不再用惩罚来教育他,而改用鼓励、赞美的行动,他就一定能改过来。

我们要允许孩子犯错,只有这样,他们才会知道什么是正确的,什么事情不能做。在一次又一次的改正错误中,孩子才会成长。

正面管教不是枷锁，爱不是牢笼

对"正面管教"这四个字，父母应该建立正确的认知。它们是因果关系：因为"正面"所以才形成有效"管教"；而非相提并论的并列关系，更不能将"管教"凌驾于"正面"之上。

作为孩子的父母，在他们未成年之前，我们有教养孩子的义务，却没有禁锢他们的权利。父母不能以爱之名，剥夺孩子的自由。

何嘉宇是一名品学兼优的初中三年级学生，在班级里一直担任班长职务。他不仅学习成绩优异，还常常获得各类钢琴比赛的奖项，是人们口中那个"别人家的孩子"。

他是同学们羡慕的对象，但是很少看见他有快乐的时候。在这个本该肆意的少年时光里，他的脚步沉重，就好像背负着一个沉重的壳。

是的，他常常觉得自己就快要窒息，喘不过气。这种感觉，甚至让他不愿意回家。

"宇宇回来了？"妈妈听见开门的声音，忙上前去接过他手里的书包，说，"银耳汤放在你桌上了，你这会儿喝温度刚好。喝了先暖和一下身子，一会儿就吃晚饭了。"

妈妈的嘘寒问暖，让何嘉宇咽下已经到了口边的话，端起银耳汤喝了。

"宇宇，还有几天就是钢琴比赛了，你准备得怎样啦？"妈妈的声音，从厨房里传来。

何嘉宇放下碗，答应着："我知道了！我先练一小时琴。"

练完琴，一家人吃过晚饭，何嘉宇就进去自己的房间做作业。

收拾完了碗筷，妈妈坐在客厅里边看电视，边跟何嘉宇爸爸说着儿子最近的情况。

"老师说，按他的成绩，考上一中没有问题。"她的眼里满是欣慰，"这次的钢琴比赛，只要他发挥稳定，就能获得一等奖。"

"你年轻的时候，最遗憾的不就是没能成为钢琴家吗?"爸爸笑着说,"看来,宇宇能替你实现这个梦想。"

妈妈感慨万千,说:"当初我为了宇宇放弃工作,你还反对。你看,要不是我专心带儿子,他能这么优秀吗?"

"是,这都是你的功劳。"爸爸笑着赞同。

妈妈得意地笑了笑。她辞职以后,生活的全部重心就围绕着儿子,给予何嘉宇无微不至地关怀,发誓要将他培养成她想要的人。现在儿子15岁了,离她想要的目标也越来越近。

十几天后,她接到钢琴比赛组委会工作人员的电话。

"请问是何嘉宇妈妈吗?何嘉宇没有来参加比赛,是什么原因呢?"

"没有参加?"妈妈大吃一惊,"那天他明明跟我说去比赛。"儿子从来不对她撒谎,这到底是怎么回事?

何嘉宇放学回家,看见妈妈非常严肃地坐在客厅里,他的心里咯噔一下,放下书包走到妈妈对面坐好。

"你为什么没有去比赛?"

何嘉宇沉默了许久,才说:"妈妈,我想好了,我以后都不会参加钢琴比赛了。"

"什么?"这句话就像晴天霹雳,"为什么?"

"我不喜欢。"

听见这句话,妈妈的情绪变得激动起来:"你不喜欢?不喜欢就不继续了吗?从你5岁起,我就陪着你去上钢琴课,风里雨里起早贪黑,来回开车两小时,整整坚持了十年！我这么辛苦，不都是为了你吗？"

"你现在好不容易练出了成绩，一句不喜欢，就要全盘放弃吗？"

她越说越伤心，眼泪止不住地往下掉。

"妈妈，我已经初三了。"何嘉宇说，"您知道的，我从来就不喜欢钢琴，我喜欢的乐器是长笛。我也不喜欢喝银耳汤，不喜欢穿黑色球鞋，不喜欢学围棋。"他一口气说完，长长地松了口气。

"但这些，妈妈都是为了你好！"

"这些都是妈妈您的喜好。"何嘉宇这次异常坚持，"我是您儿子，不是替代您实现梦想的工具！"

何嘉宇和妈妈各执一词，谁对谁错？

首先，我们必须认识到，孩子也是独立的个体，他们不属于任何人。他们有权拥有自己的喜好、自己的梦想。

何嘉宇妈妈为了孩子付出很多，但这不能成为她控制孩子的理由。

如果发现自己存在因为对孩子的付出得不到回报而埋怨孩子，进而去控制孩子的行为，请立即停止。这对孩子、对自己，对你们的亲子关系，都是一种彻底的伤害。

长期生活在父母控制下的孩子，会产生两种截然不同的性格：一种是变得自卑、懦弱，儿时对父母不敢反抗，成人后也不敢反抗权威，无法表达自己的意见，甚至连结婚生子都无法自己做主；另一种则是产生逆反心理，当他成长到具备反抗能力后，就会否定父母曾经所给予的一切，用暴力的手段来进行激烈对抗。

尤其是对男孩来说，他必须在成长过程中学会独立自主的能力，学会思考，学会承担后果。否则，他们长大后，又该如何成为一名有担当的男人？

值得庆幸的是，何嘉宇是个聪明冷静的孩子。在他15岁的时候，就知道了他不能按妈妈的意愿去生活，并进行拒绝。

对于何嘉宇的反抗，妈妈能接受吗？

儿子的话，对妈妈造成了巨大的打击。何嘉宇不是没有反抗过，都被妈妈用各种理由劝服。但这次，面对妈妈的眼泪、诉苦、责骂，何嘉宇都没有丝毫让步。

妈妈觉得，她的生活一下子跌到了谷底。儿子曾经让她有多骄傲，现在就令她有多伤心。整整十年的付出，却不被她最重视的儿子所理解。难道这多么年的辛苦，都付诸东流了吗？从情感上，何嘉宇妈妈无法接受。

何嘉宇和妈妈僵持不下，这个时候应该怎么办呢？

一、寻求帮助，让家庭中的其他成员介入

妈妈的辛苦，何嘉宇不是不知道。但是他更清楚，自己想要怎样的人生。妈妈无微不至的关怀，对现在的他来说，已经变成了爱的牢笼，困住他的手脚，让他无法自由生长，追逐自己真正的梦想。

何嘉宇最后决定，去寻求爸爸的帮助。爸爸早出晚归，在家的时间不多，对最近发生的事虽然有所察觉但并不清楚，直到儿子找他谈心。他这才恍然大悟，知道了最近家里气氛怪异的原因。

"看来，我们宇宇是真的长大了，有自己的想法了！"爸爸摸着何嘉宇的头感慨。

作为家庭中的重要一员，爸爸担起了他的责任。

二、互相尊重，和解共赢

妈妈对儿子的爱没有错，这么多年她的付出也没有错。何嘉宇拒绝替母亲实现梦想，想要做他自己，更没有错。

在这个时候，他们需要的是互相理解与尊重。

爸爸先和妈妈详谈了一次，再把儿子叫来，说："来，你先给妈妈道歉。"

"妈妈，对不起。"何嘉宇冲着妈妈鞠了一个九十度的躬，诚心诚意地道歉。

看着儿子，妈妈的眼泪一下子就涌了出来，这么多天的冷战，心底的委屈都随着泪水宣泄出来。

等妈妈的情绪逐渐稳定之后，爸爸才开口说："整整十年，你为了儿子没日没夜地操劳，儿子都是知道的。宇宇现在能这么优秀，都是你付出的结果。"

何嘉宇不愿意继续妈妈的梦想，但这不代表就抹杀了妈妈的所有努力。

"妈,你能原谅我吗?"

妈妈哽咽着点点头,将儿子搂入怀中。这么多天,她也仔细地想过,她这样控制儿子,要求儿子完全按照她的想法去做,是没有尊重儿子的意愿。

家庭的阴霾,在泪水中化开。

学会跟孩子商量而不是命令

在生活中,我们经常需要和别人"商量"。与父母商量旅游计划,与另一半商量沙发的颜色,与邻居商量遛狗的时间,与同事商量工作进度。不过,我们的商量对象通常都是成人,作为父母却很少想到需要和孩子商量事情,更别提去做。

出现这种现象,归根结底有三个原因:一是我们认为孩子不懂事,和他们商量没有必要;二是父母把孩子当成自己的所有物,理所当然地替他们做主;三是我们不愿意接受孩子的反对意见,只希望他们按照自己的意愿去做。

我们常对孩子们说这些话:"不做完作业就不许吃饭!""宝贝乖,妈妈这都是为了你好。""这是大人的事,你才多大,你知道什么,一边去!""现在就去收拾玩具,速度!"而我们在这样说的时候,丝毫没有意识到,孩子也是一个独立的个体、独立的人,他也有自己的思想、观念、情绪,以及想要表达的意愿。

哪怕孩子们的想法还很不成熟,在我们看来十分幼稚,但谁又是生而知之呢?

孩子还在襁褓中时,我们小心翼翼地保护着他;当孩子开始牙牙学语,我们高兴得手舞足蹈并耐心教导;孩子迈出了第一步,我们不厌其烦地牵着他的手迈出一步又一步。但为什么,当他成长到可以表达意见的时候,我们往往就开始忽视他了呢?

孩子慢慢成长,用他们懵懂的双眼打量着这个世界,用他们的双手触摸事物、双脚丈量大地,并通过父母来感知人生。

他们在摸索中前进,从稚嫩到成熟。在这个成长的过程中,作为父母需要做到:接受他们的情绪,把孩子当作一个平等的人来看待,通过交流、商量,而不是命令,来帮助他们成为一个心理健全的人。

一个意愿长期被忽视的孩子,在各种命令中长大的孩子,容易变得怯懦、不自信、不善沟通、无法自律。

当他们长大后,也会遇到各种各样的问题,如:成为群体中的透明人、不懂得拒绝、或者干脆生出逆反心理来,等等。

阳阳是一个快满两岁的小男孩，生得虎头虎脑、活泼可爱。跟大人说话的时候，抱着手仰着脑袋，眼睛亮晶晶地专心地看着人，特别招人喜欢。

除此之外，他口齿清晰，走路稳稳当当，妈妈一直以他为傲。

春节的时候，一家人回了老家。老家的亲戚很多，满满当当地坐了一屋子，热闹得很。妈妈挨个儿跟阳阳说该怎么称呼，阳阳也都听话地挨个儿喊过去，哄得长辈们个个眉开眼笑。看着这么乖巧懂事的儿子，妈妈脸上露出了满意的笑容，让他自己去跟亲戚的小孩们玩。

可妈妈万万没有想到，没过多久，就发生了让她脸上挂不住的一件事：阳阳和弟弟为了抢玩具打了起来，还抓伤了弟弟的脸，两个人都哇哇大哭。

"怎么回事？"妈妈把阳阳拽过来，生气地询问，"我不是说过吗？要懂得和小朋友一起分享！"

阳阳脸上挂着泪珠抽抽搭搭："可……这是我最喜欢的小熊，这是我的不是他的。"那确实是他最喜欢的小熊，所以才走到哪里都带着。

"你让弟弟玩一会儿怎么了？快跟弟弟说对不起！"在这么多人面前，妈妈觉得特别没有面子，命令阳阳。

"不行！那是我的。"阳阳反复强调，抱着小熊不撒手，受伤的弟弟哭得更厉害了。

妈妈不耐烦地把小熊从阳阳怀里拖出来，塞给弟弟说：

"是哥哥不乖,大姨替他给你道歉啊,这个小熊你拿去玩。"可是,她忽略了阳阳涨得通红的小脸和愤怒的眼神。

阳阳看着弟弟手里的小熊,突然冲了过来,用力抢夺小熊。但弟弟也把小熊抓得牢牢的不松手,只听到刺啦一声,小熊的腿被扯断,露出了里面白色的海绵。

阳阳看着手里的小熊愣了一下,随即惊天动地地哭了起来,任由妈妈怎么训斥都没有用。

看着哭闹不休的儿子,妈妈十分尴尬,只好连忙补救。安慰受伤的弟弟,给对方父母道歉,并承诺买一个新的小熊给他,这场家宴不欢而散。

原本的"乖宝宝",怎么突然不听话了呢?

孩子因为玩具或别的东西而争抢起来的场景,在生活中十分常见。两岁的孩子,正是"自我中心意识"开始确立的时期,可以看出,阳阳已经进入了物权意识的敏感期。

这个时候,他知道哪些东西是自己家里的,甚至能分得清这是妈妈的钱包,那是爸爸的帽子,对自己的东西看得更牢。

占有欲的出现,正是孩子独立意识的一种体现,父母不要觉得孩子"变自私了"是"小气鬼",反而应该感到高兴。

而阳阳的妈妈还没有做好准备,并不了解这一点。她不能接受心目中的"乖宝宝"突然打人的这个事实,于是用"妈妈的权威"来命令阳阳,希望让阳阳屈服来解决问题，反而让事情变得更糟糕。

在养育孩子时，我们应该这样做：

方法一：了解孩子各个阶段的成长特点，提前做好准备

意大利教育家蒙台梭利提出儿童成长的"敏感期"理论，涵盖了儿童0~6岁的成长特点。不少学者在此基础上进行研究，最终扩展成为0~9岁的31个敏感期。孩子在不同的敏感期，会呈现出不一样的特点，不仅会影响学习，还会影响心灵、人格的发展。

只要掌握了敏感期，父母就可以知道孩子行为背后的原因，等于握着一把能开启孩子心灵的秘密钥匙，不会面对突发状况再手足无措。

随着生长发育，孩子的心理特征也在随之发生变化。父母有必要提前了解、掌握相关知识，关注孩子的身心健康，给予他们成长的力量。

方法二：把命令转变成选择，将主动权交到孩子自己手里

一个很简单的方法，打个比方，我们想要孩子关掉电视开始吃饭。用命令的口吻说："赶紧过来吃饭！"和用商量的语气说："饭好了，你是想现在吃，还是再看五分钟电视呢？"

同一个要求，不同的表达方式，就会收获完全不一样的结果。

前者，孩子听见父母的要求，但又实在舍不得离开电视，难免就会磨磨蹭蹭。父母不耐烦地催促，会更激化这份矛盾，最后孩子虽然坐到了饭桌前，却一家人都不高兴。

长期使用命令，孩子还会产生抵触情绪，对父母说的话充耳不闻。

成年人当然知道，"现在吃"和"再看五分钟电视"并没有本质的区别，但对孩子而言却不一样。他会十分乐意地选择后者，因为他感受到了尊重，是他自己主动地选择，且能在父母的鼓励下遵守这个小小的约定。

方法三：尊重孩子的选择，让孩子感受到被信任

孩子之间的争执并不鲜见。当事情发生时，父母需要保持冷静，弄明白事情的来龙去脉，在充分尊重孩子意愿的情况下，协商解决。

对妈妈来说，小熊只是一个玩具，但对阳阳来说，小熊却是一个重要的、陪伴他的伙伴。妈妈不能粗暴地解决，应该站在孩子的角度看待问题，替他着想，选择适合的处理方式。

阳阳妈妈可以这样做：

第一步：控制局面

先问清楚发生了什么事，安抚好阳阳的情绪。当孩子冷静下来后，再让他给受伤的孩子道歉。阳阳打伤了人，虽然他年纪还很小，但他也知道这件事不对，不会抗拒道歉。

第二步:解决争端的原因

那个小熊是两个孩子发生矛盾的关键,妈妈可以提供别的选择给他们,比如两个孩子一起用小熊做游戏,或者轮流玩。只要不让阳阳有失去小熊的恐惧,他的情绪就不会爆发,就能接受这样退一步的选择。

而在这个过程中,切忌用"命令"的语气,可以参照方法二,让孩子自己来选择。

只要我们善用"商量",不但能正确引导孩子,还能够成为孩子心中值得依赖的人。

妈妈的烦恼：爱睡懒觉的儿子

赵亮，就读于一所重点中学，明年就要参加高考了。因为学业压力大，为了规范学生的作息，更好地利用时间，学校采取了寄宿制，每周五下午离校，周日返校。

对赵妈妈来说，每周接儿子回来，都意味着一场斗智斗勇。她最苦恼的，就是儿子爱睡懒觉。

赵妈妈是一名从教多年的老师，习惯了早睡早起的作息，"一寸光阴一寸金"这句话已经刻入了她的灵魂之中。对儿子浪费宝贵的晨间时间，赵妈妈发自内心不能理解。

这个周六，又陷入了同样的循环之中。

早上八点，赵妈妈就做好了早饭，敲响了儿子的房门。"儿子，起床了！"里面没有任何动静。

赵妈妈保持着耐心,又喊了一遍。里面传来赵亮迷迷糊糊的声音:"知道了!"

又等了半小时,桌上的粥和包子都已经凉了,儿子还没有任何动静。赵妈妈的耐心,一点一滴地流逝。她告诫自己不要着急,但仍然忍不住每隔半小时,就去催促儿子一次。

这场持久战,直到中午十二点多才结束。

看见儿子拖拖拉拉地起床洗漱,赵妈妈就气不打一处来。"我都跟你说过多少次了,早睡早起,不要浪费光阴。"

"你看看,你一睡就是大半天,这大把的时间,就这样被你白白浪费了!"赵妈妈替他着急。

同样的话,赵亮已经听过无数次,他随便应付着,并没有往心里去。被逼急了,就会说:"妈,我是真的很困,睡不够。"

在学校五天,每天都是六点起,回到家他就想好好地睡到自然醒。

这是每个周末都会发生的场景,赵妈妈忍不住对同事抱怨说:"你说我那个儿子,什么都好,怎么就是不能改掉睡懒觉这个毛病呢?"

"睡到中午是常事,有时一睡就睡到下午两三点,老耽误事儿!"

赵妈妈为之苦恼,赵亮也跟同学诉苦:"在学校每天都要早起,睡不够。回到家也不能睡个安稳觉,一上午要被叫醒好几次,睡得我提心吊胆的。"

在这件事上,母子二人无法达成一致,两个人都各自烦恼。

那么,我们来看看,在这件事上,究竟谁对谁错?

赵妈妈的目的:让儿子珍惜时间,合理分配周末时间,将学习、生活都安排得井井有条

赵亮在爷爷奶奶家长大,初中后才被接回自己父母身边生活。从小,奶奶就给他无微不至的照顾,书包、衣服都放在赵亮伸手就能够得着的地方,不需要他自己动脑筋去思考。

回到父母身边后,妈妈有意识地想要培养儿子的独立能力,很多事情都尝试着让儿子自己动手去做。刚开始的时候,他连怎么穿衣服都不知道,降温了不知道加衣服,烈日炎炎的时候还穿着长袖被捂出了痱子。

赵妈妈费了很大工夫,才让他学会了自己搭配衣服,不再丢三落四。但赵亮这个爱睡懒觉的习惯,却始终无法改正过来。

赵亮的需求:作为一名正在长身体的男生,他想在家得到充足的休息

在学校,面临着高考的巨大压力,他每天的生活都被功课填得满满当当,只有在睡觉的时候才能得到休息。

但学校的作息紧张,天不亮就要起床,这对他来说是一件极痛苦的事情。五天下来,积累下来的疲惫,从心理到生理都需要得到彻底的放松和休息。而对赵亮来说，睡懒觉就是最好的放松方式。

这样看来，他们两个人都没有错。那么，究竟是哪里出了问题？

透过现象看本质：

表面上看起来，这是由于赵亮睡懒觉引发的矛盾，但实际上，却是赵妈妈对儿子不会管理自己时间的焦虑。

周末时间有限，做作业、补习，还要处理生活琐事。睡觉花去两个半天之后，常常让赵亮的周末时间不够用，这才是赵妈妈内心焦灼的真正原因。

让我们来帮助赵妈妈解决这个问题：

第一步：正面管教，牢记以目的为最终导向

"睡懒觉"只是一个引发矛盾的表面现象，赵亮对时间管理不当才是引发赵妈妈焦虑的核心。

那么，不妨让我们暂时抛却这个现象，牢记"时间管理"这个真正目的。

儿时，由于奶奶将赵亮的生活照顾得十分完善，导致他丧失了自我管理的能力。赵妈妈教会了他独立生活的能力，但在"时间管理"上，赵亮仍然是一张白纸，严重依赖于他人。

学校里的规律作息，给予了赵亮极大的帮助。起床、睡觉、上课、午休、吃饭，什么时候该做什么事情，都被安排得清楚明白。

在学校，他的行为不只是代表着他一个人，还关系着集体荣誉等因素。在这个因素的驱使下，赵亮很容易就接受了学校的安排，按照规定去执行。此外，这也免去了他自己无法管理自己时间的苦恼。

当回到家，缺少了学校这个大环境，又没有了规矩的约束，赵亮就先满足他自己的需求，并未考虑其他事情。

因为在家里，有妈妈替他操心替他着急，而他自己并没有主动去进行时间管理，并未意识到他自己存在的问题。

我们的目的，正是要帮助赵亮，建立起他自己的时间管理意识。

第二步：相互理解，消除障碍

假如，赵亮睡半天懒觉并不会影响他完成周末所有的任务，你还会着急吗？

面对这个问题，赵妈妈想了想，迟疑地说："应该不会吧。"她没有把握，但事实上只要赵亮做到了，赵妈妈就不会再焦虑。

赵亮错过了学习自我管理的最佳时间，但学习，什么时候都不晚。想让赵亮学会时间管理，就要先让他尝到随意放纵的恶果。

明白了这一点的赵妈妈，克制住了心头的焦躁。连续几周，妈妈没有催促赵亮起床，只提前和他一起，将周末必须要做的事情拟了一个清单出来，就不再过问。

为了避免自己在家就会忍不住催促，赵妈妈做好早饭后就出门,约了她的朋友一起外出爬山散心。

赵妈妈是轻松了,赵亮却发现自己的周末变得一团糟。没错,他终于能安安心心地睡上两个半天,身心舒坦,但接下来的事情就都乱了套。

补习班迟到、作业做到深夜都无法完成,更没有时间去理发,就连洗澡都匆匆忙忙。

我的时间都去哪里了?赵亮的心头充满疑问。为什么,以前能够完成的事情,现在就无法完成了呢?

第三步:达成协议,制订计划,共同执行

赵亮看着周末的任务清单,开始尝试着总结问题所在。赵妈妈看见他的态度,帮助他一起规划时间。

"儿子,我并不是反对你睡懒觉。只是你总要长大,还有一年你就要离开家去上大学,而时间管理是一项很重要的能力。"

赵亮现在已经明白了妈妈的苦心,十分赞同,虚心请教:"妈妈,那我应该怎么做呢?"

时间管理的秘诀:

1. 在任务清单里标注好轻、重、缓、急

着急的事优先做,容易完成的事情先做。重要的事则规划出整块时间,好好做。既不重要又不紧急的事情,可以慢慢做。

2. 有意识训练自己的专注度,提高学习、生活效率

一张正常需要九十分钟完成的试卷,尝试着高度集中注意力，控制在八十分钟完成。洗澡需要半小时，可以提前十分钟完成。节约出来的时间，可以用来放松，也能用来完成下一项任务。

既然对赵亮来说，周末睡懒觉是一项必不可少的放松，那就将这段时间提前预留出来。

当他对自己的周末进行时间规划之后，却发现要想度过一个轻松愉快完成所有任务的周末，就不能睡太久。

于是，他主动将自己的起床时间调整到早上十点半。母子二人达成了协议，赵妈妈不用催促焦虑，他也明白超过时间就无法完成学习和生活任务，家里的气氛变得轻松愉快起来。

不答应,我就离家出走

"妈妈,这个暑假我要去成都游学!"肖钢回到家,兴奋地宣布了这个决定。妈妈大惊失色,连忙追问:"去几天?和谁去?不,怎么突然要去那么远的地方?"

这件事,惊动了整个家庭,爷爷奶奶和爸爸都围上来,问个不停。

"这不突然啊,我之前不是回来说过吗?"家人这么紧张,肖钢十分不解。

"这孩子!"奶奶说,"你是说过,但没有说要去。"

爷爷附和着说:"是啊是啊,突然去那么远的地方,这怎么行?"

爸爸皱着眉头,没有说话。

"妈妈,爷爷,奶奶!"肖钢十分无奈,说,"我都念初二了,这是学校组织的游学,是班主任郑老师亲自带队,怎么就不能去了?"

"妈妈知道你是大孩子了,但那实在太远了,离我们家有两千多公里呢!"妈妈十分担忧。

"是啊!"奶奶点头说,"你从小到大,还没有一个人走这么远过。这让我们怎么能放心。"

"安全第一,安全第一。"爷爷摸着胡子说,"有这个时间,不如我们暑假一起出去旅游一趟。你想去成都是吗?那就去成都。"

"爷爷!"肖钢喊了一声,打断了爷爷的话,说,"我是要去游学,不是去玩。老师说了,这次是组织我们参加社会实践活动。我们会去大熊猫基地,学习怎样做一个熊猫饲养员,还会去三星堆,考察古蜀国文明,还有……"

爷爷大手一挥:"行!就这么定了,暑假我们就去成都,参观大熊猫基地和三星堆。早就知道成都是个旅游城市,可惜年轻的时候一直都没机会去,就趁这次好好去玩玩,看看武侯祠、文殊院,爬爬青城山。"

肖钢瞪大了双眼:"这怎么一样?"

"怎么就不一样了!"妈妈举双手赞成,"我觉得爷爷的这个主意就很好!"

肖钢左看右看,都是家人关心、担忧的眼神,只有爸爸从头到尾还没有说过话。"爸,你倒是说句话啊!"

爸爸摊了摊手,意思是我也没办法说服他们三个人。

"要去,你们去好了!"肖钢生气地噘起嘴,"我不去!"说完背上书包走回自己房间,嘭的一声关上门。

"哎,你说说这孩子,气性怎么就这么大!"

"没关系的,他一个孩子,过会儿就好了。"妈妈招呼着爷爷奶奶过来,一起商量起来,"我们家也好久没出去玩了,趁现在小钢才初二,让他放松下,明年功课就更紧张了。"

一家人都觉得这是个好主意,但他们却忽略了肖钢自己的意愿。

第二天到了放学时间,肖钢没有按时回家。

可能是学校临时加了课,耽误了时间?又过了一小时,儿子仍然没有出现。妈妈给学校老师打了电话,老师说是按正常时间放学的。又联系了班上的同学,同学们都回到了家,而肖钢并没有跟他们在一起。

眼看外面夜幕降临,一家人急得像热锅上的蚂蚁,"怎么办?到底出了什么事?"妈妈急得哭了起来。

爸爸去肖钢的房间找了一圈,出来说:"他把零花钱都拿走了。"

"那他去哪里了?"奶奶着急地问,"难道离家出走了?!"

"就算是他自己的主意,孩子还小,万一碰上坏人可怎么办?"爷爷心急如焚,"我们赶紧报案。"

"好!"全家人异口同声。

正当大家要出门的时候,肖钢回来了。

"你去了哪里?可急死妈妈了!"妈妈拉着他,上下打量了很久才放下心来。

"爸爸、妈妈、爷爷、奶奶,"肖钢鞠躬道歉,"对不起,让你们担心了!我哪里也没有去,我就在学校旁边的咖啡厅里写作业。"

"为什么要这样做?"爸爸上前,严肃地问他。

"爸,我只想证明我已经长大了,有独立能力。"肖钢语气坚定,"暑假我想参加游学活动,而不是旅游。"

"那你也不该这样任性。"

"我知道错了!"

肖钢为了表达他的决心,不惜失踪几小时。

他和家人所产生的巨大分歧,症结在哪里呢?

一、长辈过分担心孩子的安全,无视孩子的成长

社会发展到今天,孩子成为一个家庭里最重要的宝贝。在他们身上,承载着长辈的殷殷期盼,也是全家人的希望。而因为网络发达,各种关于孩子的负面新闻不绝于耳,这也让家长对孩子的安全非常不放心。

有与肖刚家人类似态度的家长们,在生活中并不少见。总觉得外面都是坏人,只要孩子离开自己,就会担忧、焦虑。肖钢要和老师同学一起,去离家两千多公里外的成都游学,这对全家人来说,都是不能想象,且从未试过的事情。

对孩子安全的焦虑,每个家长多多少少都会有。但我们必须学会正确面对,教会孩子应掌握的安全知识,这才是最好的防范。

孩子始终是要成长的，长辈既然没有能力庇护他们一生，就应该尝试着慢慢放手，在安全的范围内，让孩子学会独立，学会保护自己。

二、随着年龄增长，孩子对独立的渴望越来越明显

孩子诞生于家庭，却始终要回归社会。

他们在学校里学习知识，同时也学习团队协作、分工，学习如何在集体中生活。学校是社会的一个缩影，也是孩子们在迈入社会前的第一个集体社会。

小学的时候，孩子对家庭的依赖性很强。进入初中之后，自我意识就会逐渐觉醒。尤其对男孩来说，这是他们学习独立的第一课。

作为父母长辈，面对孩子这颗刚刚萌芽的独立种子，我们应该持正面的态度，加以引导、鼓励，并做好安全教育工作。孩子越早独立，越早学会如何防范风险，将来就越能更好地适应社会。

如果肖钢的长辈能这样做，他就不会采取这样激烈的方法进行反抗。

面对孩子的需求，我们应该这样做：

第一步：充分沟通，双方各退一步

对肖钢来说，和家人一起去旅游，与在老师的带领下和同学一起去游学，这是截然不同的两件事情。家人不能理解，并曲解他的意思，擅自替他安排了暑假的替代行程，这是他激烈反抗的原因。

他采取的方式令长辈担心，并不可取。家人的担心并非没有道理，他有可能因为这样的决定，而将他自己置于危险的境地。

经过家庭教育，老师也和他进行了单独谈话，让肖钢认识到他错得十分离谱。他不应该用自己的安全，来要挟爱他、关心他的人。想要达到目的，他明明还有更温和的方式可以选择，比如他可以求助老师，让老师来跟家长解释这次游学的重要性及安全性。

肖钢的家人也认识到，孩子已经具备了一定独立自主的能力，不再是那个只能靠家庭庇荫的幼小孩子。他有他自己的需求，渴望在集体中去表现，并获得认可。

和老师进行谈话之后，他们了解到这次游学是由学校组织，班主任带队，还配备了一名安全老师和一名生活老师，是对孩子能力的一次全方位锻炼。

学校和家长一样，十分重视学生的安全问题。对整个行程的规划设计，都将"安全"列为重中之重。

第二步：相信孩子，放手让他去飞

了解到这一切之后，长辈们总算放了一半的心。他们仍然担心，但也愿意去认真考虑这件事。

"小钢要去十天，要不我们也在这个时间去成都旅游。"爷爷提议，"离他近点，能远远看着也能放心。"

肖钢长这么大，从来没有离家这么远，也没有离开这么久。他怎么想，都觉得放心不下。

"不。"这次是爸爸开口，否决了爷爷的提议，"就像他自己说的，他已经念初二，是个大男孩了。我们要相信学校、相信老师，最重要的是，要学会相信孩子。"

"他们班级去游学，我们一家人跟着去，只会让老师觉得我们不相信学校。也会让小钢在同班同学面前抬不起头，说不定还会被嘲笑成没断奶的孩子。"

这个年纪的男孩，正是自尊心极强的时候。爸爸的考虑，最终说服了其他人，肖钢终于实现了愿望。

在离开前，爸爸和肖钢一起，在网上做好了行程攻略。并将在登机、集合等时候可能出现的走失、迷路等意外情况做了预警。在一家人的殷切叮嘱下，肖钢笑着和同学老师们会合，上了飞机。

在他游学的每一天，长辈们都能通过网络看到肖钢在团队中的表现。他们惊喜地发现，原来离开家的肖钢，能做到这么多的事情！

十天结束，他们接回来一个晒黑了一圈，笑容灿烂、充满自信的肖钢。

第三章

代沟,真的就不可逾越吗?

在最近几十年里,代沟成了一个常见的社会问题,从时间上来说,相隔的时间也越来越短。现在被普遍公认的是"五年一代沟",就是我们常见到的80后、85后、90后、95后,直到最近几年才出现的00后、05后。

代沟是客观存在的。由于成长环境、教育程度的不同,两代人之间的价值观念、生活态度、处世哲学等,都存在天然的差异,因此也并不可怕。

孩子撒谎，该怎样正面管教？

"我吃过的盐比你吃过的饭都多，我走过的桥比你走过的路都多。"浩浩外婆经常这样说，每次她这样说的时候，浩浩就会接上一句："所以您说的都是对的，我就要按您说的去做，对吧？"

"那当然，你听我的准没错！"浩浩外婆语气肯定。

浩浩的父母都在外地工作，他跟随外公外婆一起长大，现在已经是小学四年级的学生。最近浩浩特别苦恼，外婆不允许他和班上成绩差的同学做朋友，总是因为这个教训他。

"外婆，我回来了！"浩浩满头大汗地放下书包，到厨房捧起凉好的白开水就一口气喝光。

"浩浩,我都说过多少次了,喝水不要太急,要喝温水,才不会拉肚子。"外婆看着浩浩,问他,"你玩什么去了,怎么这么热?"

"放学后我踢了半小时足球。"

"跟谁一起踢?"外婆关心地问,"有小宇他们几个吗?"外婆口中的小宇等人,都是班上学习成绩最好的。

浩浩骨碌碌转了转眼珠子,笑着点头:"嗯!就是和他们。"外婆赞同地摸了摸他的头。

过了几天,浩浩外婆在菜市场碰到小宇妈妈,两人打过了招呼,浩浩外婆问她:"小宇妈妈,小宇是什么时候也喜欢上踢足球了?浩浩最近经常和他们一起踢。"

小宇妈妈一头雾水,诧异地问:"踢足球?小宇每天下课都要赶去上书法课,哪有时间踢足球?"

下午,浩浩又是满头大汗地回到家。

"又踢足球去了?"外婆问他。

"嗯!"浩浩开心地回答,"今天我做中锋,传了好几个绝妙好球!外婆您不知道,传得可好了……"

外婆打断了他的话:"传给小宇了?"

浩浩迟疑了一下,回答:"是啊。"

"你还撒谎!"外婆发怒,"你什么时候,成了一个爱说谎的孩子?"

"我,我……"浩浩手足无措,他不知道该怎么解释。

外婆看着他,又是生气又是伤心:"到了现在,你还不跟我说实话!你老实说,你跟谁一起踢球?"

"是于民、严高乐他们几个。"

"我就知道!不然你也不会瞒着我不说!"外婆苦口婆心地说,"我不是都跟你说过很多次了嘛,他们几个成绩太差,不要跟他们做朋友。"

"班上那么多同学,你看看小宇,他成绩又好又有礼貌。老话说,跟好人学好人,跟着端公跳大神,你怎么就偏偏不听呢?"

"我跟小宇也是朋友啊,怎么就不能和于民、严高乐做朋友了?"浩浩实在是想不通他错在哪里,"子曰,三人行必有我师,老师说每个人身上都有优点。"

"你还跟我犟嘴!"外婆更加生气,"我去给你妈妈打电话,你这个外孙,我是没法带了!"

"外婆!"从小在外婆身边长大,浩浩和外婆的感情很深,听到外婆这样说,他哇地一下就哭出声来。

他觉得自己没错,但外婆的反对让他无所适从。让外婆不能接受的是,浩浩不听话,竟然还学会了撒谎。

那么,浩浩撒谎背后的真实原因,又是什么呢?

一、面对长辈坚定的反对态度,孩子企图用谎言蒙混过关

毫无疑问,浩浩很在意外婆的感受。在外婆表明了反对立场之后,他觉得自己再和于民、严高乐一起踢足球,会惹得外婆不高兴,还很有可能会被严厉地制止。

所以，他干脆选择用撒谎来解决问题。外婆喜欢他跟成绩好的同学做朋友，他就撒谎说跟小宇一起玩。果然，外婆知道后不但没有反对，还鼓励他的行为。尝到了甜头的浩浩，更觉得谎言是最好的解决问题的方式，他并没有意识到撒谎背后所带来的危害。

在这个案例中，我们看见长辈的态度对孩子产生的巨大影响。我们认为是对孩子有益的行为，在这里却带来了坏的结果。

二、老一辈的教导，与现在的教育方式产生了冲突

外婆历经沧桑几十年，积累了许多有益的生活经验。俗话说"家有一老，如有一宝"，比如在太热的时候不能喝凉水这一点，就是对的。

但她所秉承的教育观念，与她自己的成长经历有关，并不能都适用于当前。

现代社会，是开放的社会，讲求团队协作能力。孩子长大离开家庭后，他们会和形形色色的人打交道，这其中当然也就包括了在学校时成绩不好的人。成绩，也不是衡量一个人的绝对标准。

浩浩说得没错，每个人身上都有优点。孩子在成长的过程中，如果能保持一颗发现他人优点的心，这是多么宝贵的品质。不能因为成绩不好这个缺点，就否定了整个人，甚至将其列入孩子往来的黑名单之中。

交友，是孩子在人生道路上的一项重要功课。长辈需要深入了解孩子朋友的品性，鼓励孩子学习朋友身上的优点，远离行为恶劣、三观崩坏的人。

对浩浩的问题，我们应该这样解决：

第一步：经过教育，让孩子认识到撒谎的危害

这是浩浩第一次撒谎，妈妈在接到外婆电话后十分重视，请假赶回了家。

"浩浩，你对外婆说了谎，心里有没有担心呢？"妈妈拉着浩浩的手问。

浩浩重重地点了点头："很担心。我在踢球的时候很害怕外婆突然来学校接我，那就完蛋了！"

"这种担惊受怕的感觉，不好受吧？"妈妈问他。

"是啊。"浩浩看着妈妈，小心翼翼地问，"妈妈，你说外婆是不是以后都不会相信我了？"

"不会的。"妈妈看着浩浩，认真地说，"看，浩浩你已经认识到了撒谎的危害。它会让你心神不宁，还会让你丧失信誉。坦荡做人，才能无愧于心。只要你认真反省，向外婆承认错误，外婆就一定能原谅你。"

"但你要答应妈妈，以后绝不再犯。"

浩浩松了一口气，连忙答应下来："妈妈我跟您保证，我绝对不会再说谎了。撒谎的滋味，太不好受了！"

第二步：与时俱进，让外婆了解到现代社会的日新月异

浩浩诚恳地跟外婆认了错，妈妈在一旁笑着说：

"妈,我都打听过了,于民、严高乐两个孩子是学校足球校队的骨干队员。最近有一次外出比赛,于民受了伤还坚持比完了全程。他身上的毅力和坚强意志,值得浩浩学习。"

外婆担心地说:"我就怕浩浩跟他们玩久了,会耽误了学习。"

"不会的!"浩浩说,"外婆我跟您保证,我向小宇学他怎么提高成绩,向严高乐学习他的足球技术,向于民学习他的毅力。我学习他们身上的优点,会越变越好的!"

"妈,您就放心好了。我们浩浩长大了,知道该怎么做。"妈妈开导着外婆,"现在学校里,都实行分组学习制度,将来他工作后会面临更多的团队合作。"

"懂得和不同的人相处,学习他们身上的优点,浩浩将来就会成为一个优秀的人。"

第三步:达成谅解,共同成长

经过妈妈的阐述,外婆明白了她的执着给浩浩带来的坏处。浩浩不会一直待在她身边,他会越来越多地接触到更多的人,早一天学会如何交友、如何与朋友相处,对浩浩有益无害。

"行,外婆答应你,"外婆终于松开了眉头说,"但你也要答应外婆,交到的朋友都要告诉外婆,让外婆给你把把关。"

妈妈赞同说:"因为工作关系爸爸妈妈不能陪着你,有外婆的人生经验,我们就放心了。这次的朋友合格,但有些朋友确实不能交,浩浩你不能擅自做主。"

"好的,外婆,我再也不对您说谎了!"

彼此信任,是维持亲密关系的基石。经过这件事,浩浩和外婆都反省了自身,得到了成长,关系也更进了一步。

一条破洞牛仔裤引发的争吵

我们经常会在网上看见一些调侃"代沟"的段子，比如这条：我发了个朋友圈说"真是亮瞎了我的狗眼"，奶奶评论说"孩子你怎么了，好好地怎么自己骂自己？"

这些段子虽然搞笑，却反映出生活中的点滴日常。代沟，并不仅仅存在于两代人之间，更多的是思想，来自对彼此世界的不了解。

在孩子的教育上，我们常常发现，很多时候家里并没有大矛盾，但因为代沟的存在，会产生许多鸡毛蒜皮的小摩擦。但如果不加以重视，这些小摩擦也会升级成为大冲突。

"妈，我的那条牛仔裤呢？"冉华在衣柜里找了好久都没找到,走到厨房里问妈妈。

"哪一条?"

"就是上个月我新买的,浅蓝色那条。"

"哦,那条啊,我都给你洗好放在衣柜里了。"妈妈擦了擦手,问他,"怎么了,没找到吗?"

"没有找到啊。"冉华说。

妈妈走去冉华的房间,很快就拿出一条牛仔裤递给他,"喏,这不是在吗?"

冉华接过来,不可思议地看着这条牛仔裤:"妈!裤子上的破洞呢?"

"我都给你缝好啦!"妈妈笑眯眯地说,"你年纪轻轻的不知道,膝盖千万不能凉着,知道吗?"

"妈!您怎么老是这样?"冉华抱怨着说,"上次你就把我那件衣服洗坏了,这次牛仔裤又不能穿了。"

"怎么就不能穿了?"妈妈表示不能理解,"这不是好好的裤子吗?"

"我这是破洞裤,都缝上了还让我怎么穿?"冉华说,"妈你老是这样,也不提前问问我!"

自己一片好心,却不被儿子所理解,这让妈妈变得很生气:"那你就别穿!好端端穿什么破洞裤,穿出去别人还以为我们家买不起裤子,都破洞了还穿,你不嫌丢人,我还嫌丢人呢!"

"这是款式!妈,你到底懂不懂啊?"

儿子的这句话,让妈妈更加难过:"是是是,我是不懂,是我老了跟不上时代了。"说完,妈妈就不再理会他。

冉华知道自己闯了祸,但也不知道该怎样安抚妈妈。

一条裤子,本不是什么大事,却引发了一场母子间的争吵,以及后续的冷战。

那么,在这件事上面,反映出怎样的现象呢?

一、同一件事,两代人因为观念不同,所导致的认知不同

对妈妈来说,她并不能接受年轻人之间流行的时尚。在她的眼里,不修边幅的破洞裤看起来邋里邋遢,破破烂烂会让人看不起。此外,她也担心会让儿子的膝盖受凉,对他的身体不好。

而对已经上了高中的冉华来说,他已经具备了自己的审美。在穿衣服上面,不再让父母家人替他做主,他有了自己的眼光和看法。紧跟潮流,是他这个年纪的男孩最常见的行为。

对他来说,大小形状不同的破洞,让一条简单的牛仔裤变得独特。破洞牛仔裤一上身,顿觉自己帅气十足,还能显露出自己与众不同的小心思。在学校规定必须穿校服,周末放假的时候,他就更注重衣服的搭配。

两代人截然不同的观念,让他们在这件小事上无法达成一致。

二、家人之间，更需要讲究沟通方式

我们常常在外人面前保持礼貌与克制。我们会想怎样说话才能让对方更好地接受，也会思考这句话说出口会不会伤害到对方，或者触怒对方。但在关系最亲密的家人面前，我们却常常会忘记了这一点。

家人，才是陪伴我们最长久的人，也是彼此最深爱的人。我们不能因为太熟悉，而忘记了基本的礼貌，给予对方伤害。

在冉华与妈妈发生的这次争执中，冉华脱口而出的"妈，你老是这样！""你到底懂不懂？"这样的话，就深深地刺伤了妈妈的自尊心。而妈妈没有经过冉华的同意，就擅自替他缝上了裤子上的破洞，也是对冉华的一种否定。

就算是相同年纪的人，在同一件事情上也会有不同的看法。观念不同不是大事，重要的是如何平等沟通，懂得为对方着想，从而寻找到解决之道。

在家庭沟通中，我们应该这样做：

第一步：摒弃成见，了解对方的想法、观点

每个年代，都有独属于那个年代的潮流时尚。20世纪80年代曾经疯狂流行的健美裤、霹雳服，到了今天已经被人们彻底遗忘。但格子衬衣、喇叭裤，又以复古的方式重新出现在我们的面前。

今天冉华觉得破洞裤穿上帅气，也许再过几年连他自己都嫌弃。潮流被称为潮流,正因为随着时间的推移,每一年流行的款式都有所不同。

作为妈妈,没有必要在这上面与儿子较真,将自己的理解强加于儿子身上。孩子有孩子的世界,他们的世界家长或许看不懂,但可以虚心询问,了解他们对事物的看法。对父母来讲,这也是一种学习,向年轻人学习跟随时代的变化。

作为儿子,冉华有必要对妈妈解释清楚,他喜欢穿破洞裤的原因,并获得妈妈的理解与支持。

妈妈也曾经年轻过,也追逐过她当年流行的潮流。只要妈妈理解了这种时尚,自然就不会认为破洞裤是邋遢破烂的代名词。妈妈对于他膝盖受凉的担心,冉华也可以用"天气冷的时候不穿破洞裤"的保证,来打消妈妈心头的忧虑。

第二步:控制情绪,尊重对方

"冲动是魔鬼"这句老话想必大家都不陌生,它在提醒着我们,不要在情绪激动的时候做决定。当我们被愤怒、悲伤、沮丧、懊恼等负面情绪控制的时候,常常会做出一些让自己后悔的事情来。

冉华伤害到妈妈的那些话,很显然并不是故意的。他在看见缝好的破洞裤时,埋怨妈妈的情绪占了上风,导致这些话没有经过思考也没有想过后果,就脱口而出。如果他在这个时候,能顾及妈妈的感受,观念虽然发生分歧，但事情的结果就会完全不一样。

"控制情绪"对于很多成年人来说，都并非易事，对冉华来说就更困难。但只要在心中牢记"尊重"这两个字，在说话之前先想一想，就会变得容易许多。

控制情绪的方法有很多，但不是所有人都适合，这里就不再赘述，冉华需要找到属于他自己的方法。

第三步：改变沟通方式，和睦共处

母子两人因为争执而产生的不快，心里都有着不同程度的后悔。冉华去寻求了爸爸的帮助，跟妈妈道歉："妈，对不起，我那天不应该那样说话。"

"妈妈也做得不对，不应该没有经过你的同意，就缝上了你的裤子。"因为心中有爱，他们能很快地原谅对方，但长期来说，他们需要改变沟通方式，才能长期和睦。

爸爸说："儿子，爸爸妈妈和你的观点不一样，这很正常。你可以表达你的想法，将你的理由讲给我们听，但却不要用争吵的方式来表达观点。"

冉华愧疚地低下头："爸爸，我知道错了，吵架不能解决问题，只能带来更大的问题。"

"这件事，妈妈也有不对。"妈妈说，"以后跟你相关的事情，我不会先替你做主，会先征得你的同意。"

一件因代沟而产生的小事，就这样被正面管教的理念所化解，一家人都获得了成长。

人善被人欺，在外面就是要凶一点？

"在外面就要凶一点，让别人不敢惹你！"何兴的爸爸这样教育他。

"爸爸，哪里是外面？"

"除了家以外的地方，都是外面。"

"学校也算吗？"

"当然算！"

何兴妈妈并不赞同爸爸这样教育，但自己孩子不受欺负总是好的，于是也就默许了。

在这样的教育下，小时候不管在哪里玩，何兴都没有吃过亏。不管是在小区里，还是去儿童游乐场，他看起来就是凶狠的样子，没有小朋友会去招惹他。

但上了幼儿园之后，妈妈却发现儿子越来越不快乐。"兴兴你怎么了，幼儿园里有人欺负你吗？"

何兴摇了摇头，说："没人欺负我，也没人跟我玩。"

"为什么呢？"

"他们都觉得我太凶了。"何兴显得很委屈，"我只是表情凶一点，又没有想欺负他们。"

何兴爸爸不在乎地挥挥手说："没关系，只要不被人欺负就行。有没有人一起玩，不是最重要的事情。"爸爸最在乎的，是儿子的安全问题。只要何兴健康平安，他就认为一切都好。

妈妈就有些担心："小孩子就该多些玩伴，要一直这样，我就担心兴兴会越来越孤僻内向。"

"你就放心好了，儿子这么聪明，怎么会没有人跟他一起玩？"

可是事情的发展，并不像爸爸想的那样。又过了半个学期，幼儿园的老师打电话来："何兴妈妈，要请你来幼儿园一趟。"

"发生什么事了吗？"妈妈着急地问。

"何兴想跟露露一起玩，她不愿意，何兴就动手打了她。"

儿子在幼儿园里打了同学，何兴妈妈听到这个消息，连忙请假赶往幼儿园。在老师办公室里，妈妈见到了满脸委屈的何兴。

一见到妈妈出现在门口，何兴就扑上去，抽泣着说：

"妈妈,我真的不是故意要打她的。我只是想跟她一起玩,她不愿意。"

何兴妈妈替他抹去眼泪,牵着他的手来到露露跟前道歉:"对不起,我不应该打你。"露露的胳膊上有一道被何兴抓出来的红色伤痕,何兴妈妈忙给露露妈妈赔礼:"对不起,都是我们的错。"

看到女儿被欺负,露露妈妈的脸色很不好看,质问她:"光对不起有什么用,你们是怎么教育孩子的?你拿什么保证,同样的事情不会发生第二次?"

"不会再有下一次了,回去我们一定好好教育他。"

"怪不得露露说,全班的孩子都不愿意跟何兴玩,我看就是何兴自己的问题!"露露妈妈扔下一句话,拉着女儿离去。

是自己这方理亏,何兴妈妈也没法反驳,再次跟老师做了保证,领着何兴回了家。

"妈妈,您说我是不是一个很讨人厌的孩子?"何兴满脸委屈,眼泪啪嗒啪嗒往下掉。他不知道自己做错了什么,为什么会招来同学的嫌弃。

造成这个结果,是何兴错了吗?孩子是无辜的,是爸爸的教育方式出了错。

让我们从专业的角度来分析,究竟问题出在哪里。

一、爸爸的教育观念和时代产生了代沟

人善被人欺,只有将自己变得凶狠,才不会被人欺负。

这样的观念，是爸爸在成长过程中获取的人生经验，当时或许适用，但将其用在教育儿子上，就显得格格不入。

何兴照着爸爸的话去做，结果并不理想。他将自己变得凶狠的同时，也让其他同学感到惧怕。小朋友天生就喜欢对自己好的人，在选择朋友时也会本能地亲近活泼开朗的孩子，于是，何兴就成了被隔绝在集体之外的那个人。

爸爸崇尚"拳头才是硬道理"这句话，但在法治社会，这句话也应该与时俱进。到现在，"拳头"并不仅仅指暴力手段，而是指实力。小到个人，大到国家，只有拥有了足够的实力，才不会被人欺负。

对何兴这个年龄的孩子来说，要做的不是将自己武装成一个凶狠的孩子，他应该通过学习来增强自己的个人综合实力，成为一个优秀的孩子。

二、除了安全，还应该重视孩子的心理健康

和身体相比，心理健康说起来很抽象，看不见摸不着，对一个人的影响却更加深远。作为家长，我们一定要足够的重视，不能因为孩子年纪小而忽视。很多时候我们发现，成人身上折射出的问题，都能追溯到童年所受到的伤害。

何兴在爸爸的教育下，养成了用凶狠的外表来武装自己的习惯，这让他成为不受欢迎的孩子。但他的内心，又是极渴望和小朋友们一起玩耍的。看着小伙伴们在一起开

心玩耍，而自己却孤零零地站在一旁无人理会，这种滋味就算是成年人也难以承受，何况是一个孩子？

露露是他想要一起玩耍的同学，但他并不知道如何与小朋友打交道，不懂得怎样才能和她成为好朋友，于是选择了一种他自己认为正确的方式。而这种方式，露露显然并不接受，在争执之下，就成了现在的局面。

我们应该这样帮助何兴：

第一步：承认错误，认识差距

知道这一切后，爸爸十分愧疚地搂住儿子说："孩子，对不起，这不是你的问题，都是爸爸的错。"在他年轻的时候，物资不如现在这样丰富，很多时候他如果不凶一点，就没办法获得自己应有的收获。

这条人生经验，是时代的烙印，也保护着他渡过难关，所以他才要传授给儿子。

但时代日新月异，当初的经验照搬过来，就产生了严重的不适应。而在当初，爸爸并没有认识到这一点，直到这件事情的发生，他才认识到其中的差距。

第二步：重新学习，寻找方法

既然当初的经验已经不适用，爸爸又很担心何兴受到欺负，该怎么办呢？

爸爸购买了养育孩子的书籍，又通过便捷的互联网进行学习。犯过的错误，他不允许自己再犯，对接触到的知识，他也没有盲目全盘相信，而是结合自己家庭的情况，进行具体分析。

"儿子,今天爸爸带你去一个地方!"

"什么地方?"

"你跟我去了就知道了!"

爸爸带着何兴来到了一家专门教授少儿跆拳道的道馆,给孩子报了名。在这里,何兴不仅能锻炼身体,训练面对攻击时的本能反应,获得自卫能力,教练还会教授跆拳道礼节,学会"以礼始,以礼终"的运动精神。

第三步:教会孩子收获友谊

爸爸彻底改变了教育观念,儿子练习跆拳道也终于打消了爸爸担心他会被人欺负的顾虑。但是,该怎样才能获得朋友呢?

面对这个问题,爸爸想了想,说:"儿子,你为什么想和露露做朋友?"

"因为老师经常夸她有爱心,笑起来也很好看。"孩子的世界,就是这么单纯。

"那你也要成为有爱心,笑起来好看的孩子,她就愿意跟你做朋友了。"

"真的吗?"

"真的,我保证。"

"那什么才是有爱心呢?"

面对儿子的问题,爸爸耐心地回答:"要与人为善,要善待生命,还要有一颗能发现美的心灵。"

得到了爸爸的鼓励，何兴也不用再做出凶狠的表情，露出了孩子天真纯洁的本性。没过多久，他就获得了幼儿园里颁发的"进步最快奖"，又过了一个月，他终于和露露成了好朋友。

来自妈妈的神预言

"妈!"邓尚伟兴奋地凑到妈妈跟前,悄悄说,"我找到办法了!"

"什么办法?"妈妈笑着看向他,"你就别想一些鬼主意,好好利用课堂复习就是了。"

"马上期末了,光那点时间怎么够?"邓尚伟正在就读初三,即将面临中考。他平时都住校,只有周末才放假回家。

"那你想出了什么好办法?"妈妈询问。

邓尚伟笑着说:"不但想出来了,我们还实践了。我跟您讲,寝室不是规定九点半熄灯吗?我根本睡不着,干脆用来复习。"

"都熄灯了你还怎么复习?"妈妈不解。

"您忘了,您给我买过一个在寝室看书的台灯了?"

妈妈点点头,说:"那是因为寝室灯光不足,用来补充的。"

"那就够了!我们也不会看太久。但九点半睡觉也太早了,我觉得太浪费时间,跟他们商量了一下,不如用来温习功课。"

"你不怕被扣操行分?"

"妈妈,您就放心好了。"邓尚伟侃侃而谈,说"我们都已经研究过了,九点半之后会有一次巡寝,然后是十点半。我们只要在十点半之前关灯睡觉就好了。"

"我们六个人,还排了班,每十分钟让一个人去上厕所,其实主要是侦察情况。要是巡寝的人提前来了,就赶紧通知大家。"

妈妈听得直笑,瞧这阵势,还开启了侦察模式。"妈,您觉得怎么样?"邓尚伟一脸期待地看着她,像一个献宝的孩子。

"要我说啊,你们这样做实在是欠考虑。"

"为什么?"邓尚伟说,"您看,我们考虑得已经很仔细了,是绝对不可能被发现的。"

妈妈笑眯眯地看了儿子一眼:"儿子,你有没有听过一句老话,叫作'常在河边走,哪有不湿鞋?'你们被发现,那是迟早的事。"

"妈,您又来了。动不动就是什么老话说,我跟您讲,经过我的精密计算,被发现的可能性为零!"

妈妈也不生气,笑眯眯地看着邓尚伟说:"那我们走着瞧。"

"您这还是不信我啦?"邓尚伟装模作样地长叹了一口气,"哎!我们这是有代沟啊!"

妈妈用沾着面粉的手给了他一指头,看着他鼻头上被沾上的白色印记,笑着说:"你个皮小子,赶紧去复习!"

过了几天,邓尚伟从学校里打电话回家:"妈!您是神预言吗?"妈妈一听,扑哧一声就笑出声来,耳边传来儿子懊恼的声音:"妈,您还笑我!"

"你不是说有代沟吗?我笑也不行了。儿子,是不是被发现啦?"

"妈妈您说得对,昨天晚上就被发现了。您说我怎么就这么倒霉,而且,周末您才刚刚说过这事。"

"被发现,只是迟早的问题,我不是早说过吗?"妈妈耐心解释,"你以为你发现了一个规则漏洞,并且去利用这个漏洞,但你却忘记了你做的事并不被允许。一件违规的事,就注定不会长久。"

邓尚伟听完妈妈的话,点头说:"妈妈,我明白了!谢谢您。"想了想,他又说:"妈妈您明明知道,当时怎么就不阻止我呢?这次,要被扣整整十分。"

"有些事情,你只有自己经历了才会懂。那个时候你自信满满,我说了你会听吗?"

是的,如果那个时候妈妈竭力阻止,无论结果怎样,换来的都只会是"代沟"的继续加深。

邓妈妈的做法,非常值得我们深思与借鉴。

让我们来看看,在这个过程中,她贯彻了怎样的正面管教方法。

一、面对儿子的违纪行为,邓妈妈不着急下结论,**细心聆听**

邓尚伟愿意主动与妈妈分享他的事情,甚至是这样的小秘密。我们可以发现,邓尚伟和妈妈的感情无疑是很好的,他们的相处模式轻松愉快,像朋友的同时,妈妈也保持着家长的权威,是孩子人生成长道路上的引路人。

邓妈妈是怎么做到的呢?

我们来看看她对这件事的处理,就能发现她的教育智慧体现在生活的点滴之中。

1. **平等沟通**。她在听见儿子的打算时,采取了详细询问的方式来了解情况,而不是第一时间反对。她并非赞同这样的行为,但当她知道这件事并没有危险之后,就和孩子讨论其中的一些风险,使孩子顺其自然地说出他的想法。

2. **气氛轻松**。在沟通时,保持一个轻松愉快的氛围非常重要。客观、理智地探讨问题，不带入主观情绪，不评判对错。孩子愿意说，妈妈仔细听，在母子之间产生了良好的互动。

二、告诉孩子，这样做会产生的后果

和孩子做朋友没错，但不能一味地追求做朋友，而丧失了父母应有的职责。无论是出于怎样的动机，邓尚伟的做法都违反了学校的纪律。

面对自信满满的儿子，妈妈用一句老话点到即止，让邓尚伟知道妈妈的态度和看法。妈妈如果采取坚决制止的方式，邓尚伟会觉得妈妈并不信任他的周密计划。不仅使自信心受到打击，还会在他心里埋下"以后有事不告诉妈妈"的种子，影响母子间的相互信赖。

并且，有极大概率会发生以下两种情况。

1. 妈妈成功制止了儿子的违纪行为，但在邓尚伟的心中，他的完美计划未曾得到印证，这个计划在他的心中就一直都是万无一失的。将来如果有机会，他仍然会去想方设法地尝试。

2. 对妈妈的制止态度，邓尚伟产生了逆反心理。越不让他去做，他越想要去做。被发现后，他会变得沮丧，而妈妈也会因为儿子的行为而感到生气难过。这样双输的局面，显然不是我们想要看见的。

三、不阻止，让孩子自己去体验、去经历

妈妈知道，邓尚伟这样利用规则漏洞的行为，无疑是错的，并不值得提倡。但她为什么没有马上进行阻止呢？防患于未然，不让孩子犯错，难道不好吗？

孩子在成长的道路中，许多体验对他们来说都是新鲜的，都是第一次经历。在经历之前，他们并不知道这件事的对错，更不知道后果。

假设我们阻止了这样的体验，用父母自己的人生经验去帮助孩子进行判断，孩子又怎么获得这部分经验呢？孩子亲身经历一次，胜过父母唠叨一百遍。

当然，有些错误可以尝试，有些则绝对不能。这其中的尺度，需要父母进行分辨把握。目的只有一个，帮助孩子少走弯路、获取经验、顺利成长。

通过这个案例，我们又能从中学习到什么呢？

一、保持良好沟通，成为孩子可以无话不谈的对象

我们都很清楚沟通的重要性，对于沟通的方式却常常不够了解。正面沟通、正确沟通，才能真正达到有效、积极的结果。

怎样才能保持亲子间的良好沟通？和大家分享三个实用技巧。

1. **语气温和，立场坚定**

面对孩子的要求、错误观点，不妥协不迁就。告诉孩子什么是正确的，为什么正确，同时做到不指责孩子的想法，保持冷静客观的态度。

2. **发现孩子的点滴优点，并恰当及时地赞美孩子**

生活中本不缺少美,只需要我们有一双发现美的眼睛。只要有心,孩子的优点俯首皆是。来自父母家长的夸赞,就是对孩子最大的肯定与鼓励。不但可以让孩子增长自信心,长此以往,还能让孩子形成阳光积极的性格。值得注意的是,赞美需言之有物,不能为了夸而夸。

3. 换位思考,充分考虑孩子的感受

对父母来说,很多事情都是因为体验过、总结过,才成为宝贵的人生经验。但对孩子来说,很有可能是初次尝试。我们要站在孩子的角度,去假设他们的心情、感受,有了共鸣,沟通还会难吗?

二、保持积极心态,正面看待孩子的观点

对孩子表达的观点,不要简单粗暴地斥责为幼稚、不动脑筋等负面评价。细心聆听,从孩子的思考角度去发现他真实的想法,才能获得他们的认可,进而帮助他们。

著名哲学家尼采有一句名言"当你凝视着深渊时,深渊也在凝视着你",这句话生动地诠释了心理学中的心理投射。当父母积极正面地对待孩子,那么你们也必将获得一个积极正面的孩子。

三、面对孩子犯错后产生的结果,总结经验,引导孩子主动反省

前面的过程非常重要,但更重要的是在错误发生之后。

在这时，孩子的情绪不可避免地会变得低落，沮丧、伤心、难过等情绪会接踵而来。而这个时候，正是最好的、不可错过的教育时机。

安抚孩子的情绪，引导他明白错误发生的原因，而不是"父母说的都是对的"。他经历过，冷静下来后再进行思考，从中获得的宝贵经验将使他获益一生。

手机只能用来打游戏吗?

在不久前结束的中考中,李兴取得了一个不错的成绩,成功考入了他想要进入的高中。

"儿子,你想要什么礼物,爸爸给你买。"

"我想要一个手机。"这是李兴一直想要的礼物。

"不行!"妈妈一听,就持反对态度,"你还小,用不上手机。等上了大学,送你一个最好的。"

"妈,为什么啊?"李兴顿时变得垂头丧气,"我们班上,就我一个人没有手机。初中毕业了,到时候都不在一个高中,想要联系他们都不方便。"

"你不是有电话手表吗?有事直接打电话,用什么手机。"

听妈妈提起电话手表，李兴小声嘟囔了一句："电话手表那么幼稚……"他已经很久都没用过电话手表了，连充电器放在哪里都忘记了。

妈妈没有听清，问："你说什么？"

"我说保持联系不一定要打电话，再说了有手机我背英语单词也很方便。"李兴说，"妈妈，你就答应我嘛。"

"不行，我说不行就是不行，给你买了手机你就知道打游戏。"妈妈的态度十分坚决。

见母子二人再一次因为这件事情而争执，爸爸开口说："那这样吧，爸爸答应你，三年后你看中哪款手机，爸爸就给你买哪款。今年暑假，我们去一个你最想去的地方旅游，怎么样？"

李兴只好答应下来。

两个月后，李兴进入了高中，妈妈却发现他经常躲在自己的房间里，将门反锁。

"你在里面做什么？"

"当然是做作业。"

"做作业为什么要锁门？"

"我要专心一点。"

妈妈并不相信，于是多配了一把李兴房间的钥匙，在他反锁的时候悄悄打开了他的房门。

看见妈妈出现在房间里，李兴被吓了一跳，双手一抖，手机掉到了地上。

"这是什么?"妈妈紧紧盯着地上的手机,面上罩着一层寒霜。

"妈……"面对妈妈的怒火,李兴讷讷不敢说话。

"你哪里来的手机?我跟你是怎么说的?你怎么就这么不听话?!"妈妈连珠炮似的发问倾泻而出。

爸爸听到动静,连忙走过来拉着妈妈的胳膊说:"你别生气,先听孩子解释。"

原来,这个手机是李兴用自己攒下的压岁钱购买的,用自己的身份证去办了学生套餐。

"我说过多少次!不许你用手机!"妈妈十分生气,"你居然自作主张,还藏起来偷偷用,我要是没发现你还打算瞒我们多久,啊?"

面对妈妈的指责,李兴一声不吭,妈妈看着不听话的儿子,更是气不打一处来:"手机我就没收了!我再强调一次,上大学前不允许你用手机。"

"凭什么啊?"一直没说话的李兴抬起头来,梗着脖子说,"那是我用自己的钱买的手机,您凭什么没收?"

"我说没收就没收,没有为什么。"妈妈的态度一如既往地坚决。

李兴猛地站起来,大步走回自己的房间,嘭的一声甩上了房门。

"你说这孩子,他自己做错事,这还有理了?"

关于孩子能不能用手机,在社会上引起广泛的讨论。

李兴妈妈的观点，就坚定地站在了反对派的那一边。

观点没有对错，但在亲子关系中，李兴妈妈这样的态度与处理方式，则会带来一系列的问题。

一、父母的强硬态度，让孩子不敢表达观点

面对妈妈的反对，李兴努力说明着自己需要手机的理由。但妈妈态度坚决，不理会他的要求，他也就不敢再说，因为他知道，自己没有办法说服妈妈。

在这样的状态下，孩子会产生一种"我说什么都没用"的无力感。这种感受，不仅是表现在买手机这件事情上，还会渗透进他的日常生活中。

家庭，原本应该是孩子最能表达自己观点的地方，却成了让他不敢开口的源头，这对孩子的成长十分不利。

当今社会，不再是"好酒不怕巷子深"的年代，一个人具备实力还不够，还需要具备表达能力。如何表达，如何沟通，是孩子们在成长时的必修课，而如果在这时被迫不能表达，在他成人后将会付出更多的努力才能学会。

二、在父母的压力下，孩子学会了隐藏与欺瞒

在孩子的心中，父母就是天然的权威。他们的要求与期望，孩子们尽力想要去满足。因此，来自父母的压力，就显得尤为巨大。

当父母的要求，与自己内心的渴望发生冲突时，孩子会变得迷惘。当要求得不到满足时，孩子就会瞒着父母去做。他们害怕被父母发现，却又心存侥幸能不被发现，这样的心理会让孩子的内心变得忐忑不安，担惊受怕。

三、父母拒绝让孩子使用手机，源于对孩子的不信任

在李兴妈妈的心里，儿子获得手机之后就会用来打游戏娱乐。这明显是一件还没有发生的事情，但却被她认为是一定会发生的事情。

在这背后，反映出妈妈对李兴不信任的核心问题。这个问题，在我们的日常教育工作中，随处可见。

我们不相信孩子能自己吃饭，于是一勺一勺地喂到孩子嘴里；不相信孩子能自己爬起来，于是当孩子摔跤后立刻上前扶起；不相信孩子能学会自己穿衣服，于是孩子不知道天气冷暖与穿衣之间的关系……

这样的例子还有很多，在此就不一一列举。在这个案例中，妈妈不相信李兴能用好手机，于是干脆不允许他使用。但是儿子已经开始长大，有了自己的主见。既然妈妈不允许，我就自己买、悄悄用。当最终被发现的时候，发生冲突、矛盾升级，亲子关系变得糟糕。

那么，当父母和孩子之间发生分歧时，我们应当怎么解决？

第一步：尊重孩子的看法，允许并鼓励孩子大胆表达

李兴想要手机，他有自己的理由。妈妈不允许，也有妈妈自己的理由。妈妈的出发点是对儿子的爱，她认为手机对儿子来说有害无益，才会这样坚决反对。但至少，她应该给李兴一个把话说完的机会，充分聆听之后，再做出决定。

经过这件事之后，妈妈也认识到李兴对手机的执着。于是，在爸爸的帮助和鼓励下，李兴获得了这个机会，终于完整地表达了他的看法。他想要一个属于自己的手机，有以下三点理由。

1. 保持和初中同学的联系，就算不再就读同一个学校，也不会影响曾经的友谊

友情对一名十多岁的少年来说，在有些时候甚至超越了亲情。孩子需要同伴，需要能一起大笑一起流泪的好朋友，有些话不方便和长辈说，但在朋友间却可以分享。快乐的事情共同分享，难过的时候也有一个发泄的渠道。

父母经历过这一切，明白世界上没有永恒存在的友谊。但对当下的孩子来说，这却是件重要的事。不能就读同一所高中，不能经常见面，但手机却能提供便捷的联络方式。早起的一句问候，考试后的一句鼓励，就是朋友间最好的关怀。这种关怀，是打电话所不能做到的。

2. 手机不仅仅是一个联络工具，越来越多的学习需要在手机上完成

这不是孩子的借口，这是客观存在的事实。手机和菜刀一样，都是人类发明并使用的工具。菜刀用来切菜，但握在歹徒的手里就成了杀人的工具。手机可以用来玩游戏打发时间，但也能成为学习的最佳伙伴。

随着手机的普及，诞生了越来越多的教育软件。我们可以在手机上学习英文发音、购买手机课程来学钢琴、查找搜索陌生的知识,还可以观看来自地球另一端的直播课程,和同学一起探讨难题。

3. 他不想要做一个在同学中的异类,这让他觉得很丢人

同学们都有手机,只有他一个人没有。这不是李兴的虚荣心,这件事已经开始伤害到他的自尊心。就算同学们并不会因此而嘲笑他,在他的心里也会产生自卑的情绪。

青少年之间总会形成他们自己的文化与价值观念,李兴不想被同伴抛下,不想成为同学们在对某件事热烈讨论时的那个局外人。

第二步:相信孩子,让孩子承担责任

手机的出现,是应运而生的时代产物。正在成长中的孩子,他们都是互联网的原住民。前有备受争议的"网瘾戒断中心",后有家长禁止使用手机。不客气地说,这种逆时代而行的举动,必将被时代所抛弃。

当然,孩子还未成年,我们必须要对他们负起教养的职责。但这并不代表着,我们使用简单粗暴的方式禁止,就能达到目的。

贪玩,不仅仅是从孩子身上能看到的现象,就算成人也很难自律,我们又有什么理由去责怪孩子?

作为父母,我们应当相信自己的孩子,而不是当他们做到了,我们才去相信他。相信是一种力量,我们的信任可以促使孩子成长,助其克服自己的惰性,成为更好的人。

第三步:和孩子制定协议,共同遵守

当李兴对他的观点进行充分阐述之后,妈妈也说出了她的担忧。她担心手机会影响儿子的学习,以及对互联网上不良内容的忧虑。在她看来,儿子还没到能分辨是非的年纪,一个能随时上网的手机,就会让李兴脱离自己的监管。

"妈妈,您放心!"李兴说,"我们可以签订协议。"

"什么协议?"妈妈不明白。

"我们的同学都是这么做的。"李兴解释说,"比如说,妈妈您觉得我每天使用多久手机合适,手机上下载的软件要经过您允许这些条款。"既然手机是一件被普遍使用的物品,与其拒绝,不如制定规划标准。

妈妈抱着试一试的态度,同意了李兴的请求。经过一家人的讨论,制定了手机管理条例。

1. 放学后就将手机交到妈妈手里保管,做完学校作业后才有资格使用。

2. 手机上的软件开启青少年管理模式,经过妈妈允许后才能下载应用。

3. 除了学习,每周李兴获得一定的娱乐时间,由他自己进行分配。

妈妈将手机还给了李兴,他特别珍惜这来之不易的使用机会,严格遵守着协议。妈妈看见并没有出现她担心的那些情况，也就放下心来，主动将购买手机的钱补给了儿子。

李兴妈妈的转变，我们可以看见所谓的"代沟"，并不是无法跨越。固执与成见，才是形成代沟的罪魁祸首，而爱与信任、尊重与理解，是消弭代沟的最好方法。

第四章

管理好情绪,才是真正的正向管教

　　人人都有情绪。每天，我们都在经历不同的事情，而这些事情都会在我们身上留下印记。或开怀大笑、或悲伤流泪，既有解决掉一道难题的成就感，也会有因为困难而踟蹰不前的时候，因此而产生的情绪，时常会左右我们的行为。

　　对成年人来说，都明白管理情绪的重要性，不能让负面情绪占据主导，因为那只会让事情变得更加糟糕。那么，在孩子教育中，我们又应该如何管理情绪呢？

大喊大叫的妈妈让我害怕

"你又去河边玩了?"妈妈看着我被水浸湿的鞋子问。我的心里十分害怕,于是试图用谎言来蒙混过关:"我没去。"

"没去?!"妈妈的声音一下子提高了两个八度,她指着我的鞋子上沾的草屑说,"这个草只有河边才有,你说你没去?不但去了,还学会撒谎了!"我害怕极了,不敢动弹。果然,妈妈拿起手边的衣架就把我打了一顿,然后命令我反省,让我把鞋子脱下来给她洗。

我想:妈妈一定是因为要洗鞋子太麻烦,所以才打我的吧。

有一天,我在玩的时候不小心把花瓶碰到了地上,发出嘭的一声巨响，破裂的瓷片四处飞溅，其中有一片还打到了我的小腿上。我吓得一动不敢动，愣了一会儿就去拿扫帚想要把碎片扫干净。

"不要动！"妈妈听到声音过来，怒气冲冲地把扫帚从我手里夺走扫完了碎片。

"妈妈，我错了。"我害怕妈妈发火，赶紧认错。妈妈只是白了我一眼，没有说话。

我想：妈妈一定是心疼那只被我打碎的花瓶。

"又在看电视！"妈妈下班回来，发现我坐在沙发上看电视，拿过遥控器就把电视关掉。她的怒气，让我害怕得不敢开口，心惊肉跳地担心接下来会发生的事，甚至忘记看得正起劲的动画片被忽然中断的伤心。

后来，我就会赶在妈妈下班之前关掉电视，哪怕那个时候播出的是我最喜欢的动画片。

我想：妈妈一定是上班辛苦了，回家看见我悠闲地享受，所以才那样生气。

长大后，我才明白妈妈冲我大喊大叫的真正原因，但是小时候因为害怕妈妈的大喊大叫，让我习惯和妈妈保持距离。我十分羡慕其他孩子和妈妈的亲密关系，也想要关心妈妈的身体健康，但是到了嘴边只能变成一声听起来很生疏的"妈"。

在这个案例中，我们不难发现，在一段亲子关系中，需要管理情绪的不只是孩子，还有父母。

"我"在成长的过程中,承受了妈妈大喊大叫带来的怒气,却始终没有明白妈妈背后的用意。这并非孩子的过错,是因为妈妈觉得孩子年纪小,不需要讲道理。

而作为妈妈,在教育孩子这件事上,她表达了愤怒、生气,唯独没有达到正面管教的目的。

那么,作为父母,我们应该怎样管理情绪,才能带给孩子正面管教呢?

第一步:克制情绪带来的本能反应,冷静下来

我们在孩子犯错的时候,经常用大喊大叫来制止孩子的行为,却并没有意识到在大喊大叫的背后,是我们自己在发泄情绪。更具有欺骗性的是,孩子因为害怕而认错,我们却误认为是我们的教育方式产生了效果。于是,在下一次我们又会沿用这样错误的模式。

有一位妈妈说:"我也不想生气、更不想吼他,但我控制不住自己的脾气。"在生活中,这句话一定会引起很多父母的共鸣。

仔细想想,我们的喊叫,真的起到了应有的效果吗?再从另一个角度去思考,我们真的是因为孩子做错事而发火,没有将在生活中遇到的挫折、焦虑、沮丧这些烦恼,趁这个时候名正言顺地发泄出来吗?

孩子,很多时候都无辜承担着我们多余的怒气。

我们冲着他们大喊大叫,并将大喊大叫养成了一种习惯,就只教会他们也用这样的方式,来和这个世界相处而已。然后你会发现，你的孩子正在成为你不愿意让他成为的那一种人。最终，只会迎来糟糕的亲子关系。

我们已经知道了大喊大叫的严重性，在这里分享四个能成功终止大喊大叫的实用窍门给大家。

1. 将孩子犯的错重复一遍，等待他们的回答

看到孩子犯错时，不要急着处理，先重复一遍他们犯下的错误，注意在重复的时候，尽可能地控制语气，越平静越和缓越好。

还是上面的这个案例，当妈妈看见我摔碎了花瓶时，可以这样问："是你把花瓶摔碎了吗？"而不是先斥责孩子。

一句话的时间不长，但却能提供给两人足够的缓冲时间，让孩子意识到他犯了错，让妈妈看清楚眼前发生的事实。

2. 认识自己的愤怒信号，阻止大喊大叫这样的条件反射

每个人生气时的表现不一样，有冒汗、心跳加速、呼吸急促等特征。在这里需要对自己进行重新认识，认清自己在生气前的征兆，并在相关征兆出现时，有意识地提醒自己，不要冲着孩子大喊大叫。

作为父母，我们必须要比孩子更加冷静、理智，才能教导他们。我们不能让大喊大叫成为看见孩子犯错时的条件反射，控制住这样的情绪，就是成功的开始。

3. 告诉自己，孩子犯错的偶然性，并非故意挑衅父母

当孩子逐渐长大，面对父母的斥责时不再逃避顺从，他们会将自己的委屈说出来。但在大喊大叫的情景中，他们的反抗在父母眼中，就是顶撞。

在双方都不冷静的情况下，父母可能会觉得孩子在故意挑衅，刻意针对自己，愤怒将更加升级，事态失去控制，造成无法收拾的局面。

之后父母会后悔，早知道我就少说一句，但此时的后悔远不如在当时就控制情绪来得有效。

4. 牢记"不在冲动时处理问题"这句话

父母不是超人，看见孩子犯错会生气是十分自然的反应。但我们做到前三条后，就会发现自己已经慢慢冷静了下来。

不在冲动时处理问题，并将这一条设为心理警戒线，当出现确实无法控制愤怒的情况时，先选择离开而不是硬碰硬。相信在一小时过去之后，你仍然十分生气，但起码能坐下来和孩子好好沟通，而不是大喊大叫。

第二步：将情绪主导行为，转变为目的主导

被情绪主宰行为，实在是一件糟糕透顶的事情。这意味着失控和无效沟通，孩子在我们这里除了感受到恐惧、害怕，什么也得不到。

在这个案例中的"我"，直到长大成人后才知道妈妈对他大喊大叫的原因：发现他去了河边玩耍，妈妈担心他的生命安全而不是怕洗一双鞋子带来的麻烦；看见摔碎的花瓶和满地的碎片，妈妈害怕他被碎片划伤而不是心疼花瓶；关掉电视，是因为觉得看电视会影响视力，并不是他所想的妈妈看见他享受而生气。

而在这些事情中，妈妈只用大喊大叫来表达愤怒、生气，孩子对妈妈的目的仍然一无所知。而目的，才是正面管教的核心。

我们要让孩子明白在河边玩耍的危险性，让他知道妈妈对此有多担心，他下次才不会瞒着妈妈再去。喊叫不是控制孩子的有效手段，打骂更不是，我们的目的是要让他记住这件事为什么错，错在哪里，下次不可再犯，不是吗？

第三步：耐心教导孩子，教会他们其中的道理

在现代社会中，我们越来越重视教育。这一点，从胎教、早教的盛行中就可见一斑。当孩子还在妈妈子宫里的时候，我们就相信音乐能促进他的脑部神经发育，爸爸的声音能让胎儿感觉到安全和幸福。

那么，为什么我们就不相信，幼小的孩子也能明白道理这件事情呢？

正因为孩子不懂，才需要父母的悉心教导。一件事，如果一遍说不明白，那就说两遍；两遍不行就说第三遍。在教导孩子的这件事上，我们要保持充足的耐心，而不是告诉孩子一个道理，就希望他立刻能明白，并照着去做。这样的希望，是不切实际的，最终只会导致新一轮的大喊大叫。

如果妈妈能告诉孩子她的情绪,她的担心,教会孩子分辨她的反应,那么在这个案例中,长大后的儿子就不会对妈妈感到生疏。

面对急躁的孩子,该怎么做?

杨文在平时是一名乖巧懂礼的孩子,他说话斯文、成绩不错,在班上的人缘很好,深受老师和同学们的喜欢。但是杨文妈妈却知道,他有一个"急躁"的弱点,随着年龄的增长,这个弱点越来越影响他的学习和生活。

还在幼儿园的时候,杨文就会因为拼不好积木玩具而着急,激动起来他会将拼到一半的玩具全部推到地上,大哭大叫。他现在是小学四年级的学生,急躁带来的影响更加严重。

最近两周,连着发生两件事,让杨文妈妈印象深刻。

第一件发生在周日,原计划在补习班下课后,就去看电影。这部电影,从还没上映时杨文就开始期待,好不容易盼到周末，一早就请妈妈买好了电影票，计划一家三口去看电影。

补习班下课的时间是中午十二点半，电影开始的时间是四点半，中间留出四小时用餐及做补习班作业的时间，看起来绰绰有余。

但是，不知道是不是杨文一直惦记着电影的原因，下午的作业完成得很不好。拿到题就急着开始做，没有仔细审题也没有按照老师的要求写出解题步骤，还犯下许多粗心大意的小毛病。比如，题目上要求计算的数字明明是260，他抄下来时就直接写成了280，最后的结果当然不可能正确。

老师批改卷子后，指出他的错误，进行了批评后要求他立刻改正。可是，看着时针已经指向了三点，杨文的情绪变得越来越急躁。他把文具摔得噼噼啪啪地响，为了找一个修正带而急出了眼泪。

第二件事，是老师布置下来作业，要求学生掌握本单元生词，在听写后进行拓展阅读。杨文的语文成绩一向很好，听写生词十分顺利，却在进行拓展阅读时遭遇了麻烦。

"这个字我不认识，这个字我也不知道是什么意思！"他气恼地将拓展阅读用的书摔到一旁，把怒气都发泄到草稿纸上，好端端的纸被他揉得皱巴巴的。

最后他急得摔掉了手中的钢笔："我不读了！读这

个，又有什么用?!"

面对这种容易急躁的孩子，我们该怎么办？

一、过分期待导致分心马虎，担心不能按计划进行导致的急躁

就看电影这件事来说，杨文因为太期待那部电影而不能集中注意力，影响了他的正常表现。而又因为他的发挥失常，导致他必须付出比以往更多的时间来进行改错。当他认识到改错需要时间，甚至会让他看电影迟到时，心情就控制不住的变得急躁，不能控制自己的行为。

杨文在心里明白，造成这个结果的正是他自己。于是，他更加不能原谅自己，拿文具出气的同时，也是在惩罚自己。

这一连串的反应，形成了一个恶性循环。

二、追求完美与现实的落差，发现不完美的自己时带来的急躁

他的语文成绩一向不错，这让他产生了一个错误的认知：语文作业对他来说是简单的，是应该手到擒来的。所以，当他发现超出他能力范围的拓展阅读时，就不可避免地变得急躁。

这种行为，跟他幼小时发现自己无法完成积木拼装时的急躁情绪一模一样。在开始前，他信心满满地认为自己可以做到，但结果却相去甚远，这让他不能接受现实，急躁就成了他情绪的出口、发泄的渠道。

知道了原因，我们又该怎么做呢？

第一步：让孩子明白急躁所带来的后果

急躁，会让人的思绪陷入混乱，甚至做出许多和平时的性格不相符的事情。听不进别人的意见，也做不好自己的事情，除了花费更多的时间来处理自己的情绪、伤害自己的身体外，没有任何好处。

这样的道理，孩子却不容易明白。或者，就算明白了也很难做到。让我们来看看杨文妈妈是怎么做的。

杨文妈妈知道儿子的弱点，面对儿子的急躁行为，她没有着急斥责，而是和补习班的老师进行了商议，同意他将改错作业带回家做，先按原计划去看了他期盼已久的电影。

但是在整个过程中，妈妈都并不理会杨文，没有跟他说过一句话。当电影结束后，妈妈才问他："你觉得，今天看的这场电影，跟你想象期盼的，一样吗？"

杨文摇了摇头。

电影的内容当然不会有任何变化，发生改变的只是观影人的情绪。这本来是一场杨文期待已久的电影，但却没有他自己想象中的兴奋雀跃。不像以前，在看完之后会开心地跟爸爸妈妈讨论剧情，这次整个过程都很沉闷。

妈妈将杨文闷闷不乐的情绪看在眼里，说："你看，距离在补习班里发生的事情已经过去两个多小时，你仍然没有摆脱因为一时急躁而带来的糟糕后果。"

"你发脾气,当然也会影响妈妈的情绪,还会让补习班的老师同学们对你产生不好的看法。急躁,让你花费了更多的时间,让你看电影也高兴不起来,回到家里还需要再花时间来弥补之前浪费掉的时间,你觉得,合算吗?"

杨文妈妈替他算了一笔账,生动形象地让儿子明白,因为急躁而产生的一系列后果。

第二步:教会孩子正确积极地面对困难

不只是孩子,我们在生活中,经常都会面对困难。在人的一生中,更是会遭遇大大小小的困难。面对困难时如何处理,是孩子必须要学习的功课。

首先,我们要告诉孩子,你不能将每一件事都做到完美。完美,只会在你充分学习,并熟练掌握的知识上得以展现,一项刚开始学习的陌生知识,在刚开始的时候就注定了不可能完美。

有了这样的认知,就能教会孩子告别盲目自信。自信是好事,盲目自信却会带来更多的阻碍与困难。学习,正是不断地学习陌生的知识,并将其熟练掌握运用的一个过程。正确预估在学习中会遇到的困难,就是一个好的开始。

那当我们遇到困难时,又该怎么做呢?我们应该教导孩子,保持积极的心态面对困难。不怕困难,只怕在困难面前退缩逃避。再困难的事情，只要我们努力前进，一点一滴地去做，就有能克服困难的机会。裹足不前，困难就永远存在。

急躁，只会增加困难的难度。

第三步：和孩子商量，约定一句只有你们才能听懂的暗号

管理情绪，对成人来说也不是一件容易的事情，对孩子来说就更加困难。作为父母，我们有义务和责任，去帮助孩子克服急躁的情绪。

当孩子冷静下来后，我们可以和孩子一起，定下一句专属暗号，并进行约定，杨文妈妈正是这样做的。

"妈妈，我知道错了。"杨文愧疚地说，"下一次，我保证不再急躁了。"

杨文妈妈欣慰地说："儿子既然都明白了，我相信你。这样，我们来定一句其他人都听不懂的暗号，下次你再急躁的时候，我就提醒你。"

"什么暗号？"

"什么都可以。当你听见妈妈说出这句暗号的时候，你就知道自己正在变得急躁，需要立刻停止。你可以进行深呼吸，也可以闭上嘴巴停止正在进行的行为，尝试着让自己冷静下来。"

"好。"杨文仔细想了想答应下来，和妈妈约定了一句话，只在他变得急躁时使用。

有了妈妈的帮助，有了这句暗号，杨文急躁的毛病慢慢被他克服。现在就算在学校，没有妈妈在一旁提醒，他也能成功控制住自己的情绪，成为更加优秀的学生。

紧张，也能成为最佳助力

王力10岁，是一名学校跆拳道校队的成员。他训练刻苦，出腿迅猛，爆发力强，一直是教练心中的种子选手。

"还有两天就是全国赛的本市选拔赛了，你们准备好了吗？"

"准备好了！"校队的孩子们齐声回答，在他们的眼里有着兴奋和期待的光芒，个个摩拳擦掌。

解散之后，教练把王力单独留下，说："好好准备，我们校队能不能进入全国赛，就看你了！"

王力答应了，明白肩头所承担的责任后，心情变得沉重起来。

到了比赛那天，爸爸一早就带着王力到了举行比赛的体育馆。在这里，聚集了本市最优秀的跆拳道队伍，四处都是穿着道服的孩子们。他们有的在排队检录，有的在抓紧最后的时间进行训练，有的聚在教练的跟前听着比赛的注意事项……

看见这么多人，王力悄悄地拉住爸爸的手，他的手心里满是汗水。

"怎么了？"爸爸关心地问他。

"我……"王力困难地咽了一下口水，指着眼前的人说，"爸爸你知道吗，这么多人，能进入全国赛的名额只有几十个而已，就是每组产生的冠军，其他人都没有资格。"

"儿子，你是不是紧张了？"

王力擦了擦手心的汗，摇头说："没有，我不紧张。"教练对他的期望，如此高的淘汰率，都让他紧张不安，但他并不想承认这一点。换上道服、完成检录、戴上参赛证，做好这一切的王力坐在场边等着上场，可紧张让他能听见自己扑通扑通的心跳声。

"不紧张，不紧张，不紧张……"他在心里默默念着这句话，但在上场后，面对第一场的对手，他仍然紧张得技术动作变形。

这场比赛，他打得非常艰难，幸好长期训练获得的经验和反应力还在。在一比一平之后，在第三场他终于以微弱的优势获得了胜利。下场的时候，王力觉得自己满身都是汗水，这短短几分钟的比赛，比他训练一小时流的汗都多。

下了场，教练把他叫到一旁问："你是怎么回事？这个对手的实力顶多只有你的七成，你打成这样，接下来的比赛还怎么打？"他把出线的希望都放在王力身上，但王力今天的表现让他很失望。

教练的话，让王力心头一紧："对不起，教练，下场我一定好好打。"他要想夺得本组的冠军，还有四场比赛要打。对手只会一场比一场强，而每一场他都要赢。

教练拍了拍他的肩头，安慰他说："去吧，先去重新检录，再好好休息。别想太多，别紧张，就按平时的方法打就没问题。"

王力答应下来，但一想到接下来的比赛，就压力倍增。

紧张，是一种我们经常都会面对的情绪，是我们面对外界事物发生变化时，自然而然产生的情绪。

在面临重大比赛、人生的重要关头时，我们就会紧张。而这种紧张，源于对未知的恐惧。心里的不确定因素、不知道能取得怎样的结果、他人的关注与期望等，共同构成了对未来的未知。

在这个案例中，王力的实力获得了教练的认可，平时的刻苦训练给了他自信，但这并不代表他就一定能获得冠军，取得全国赛资格。比赛的结果是未知的，这种未知导致他内心的恐惧，他担心自己不能达到目标，实现教练的期望。

在这整个过程中,教练成为引发他紧张的源头和加剧者。

在这里对教练在无意中犯下的错误进行分析,让大家加以规避。

错误一:不了解孩子的性格

在比赛前,教练将王力留下单独谈话,是引发他紧张情绪的根源。教练的原意和出发点都是好的,强调比赛的重要性以及他对王力的期望。

但问题在于,在谈话前,他对王力的性格并没有充分了解。同样的话,对有的孩子来说是鼓励,在知道了自己是校队的希望后,有的孩子会在赛场上超常发挥,爆发出比平时训练更好的状态。

但是,对王力来说,这些话只会引发他的担心,造成驱之不散的紧张情绪。在这样的高淘汰率之下,他担心自己达不到教练的期望,担心不能替校队获得荣誉,曾经被认可的实力,在这个时候都变成了沉甸甸的压力。

这个结果,显然是教练并没有想到的。

错误二:对比赛失利的批评,及空洞无物的安慰

比赛过程虽然惊险,但王力毕竟赢得了第一场比赛。在这样的情况下,教练只看见他在比赛过程中的问题,却对结果视而不见。这样的批评,对原本已经很紧张的王力来说,无异于雪上加霜。

"别想太多、好好休息、别紧张"这样的安慰缺乏实质性的内容，与其说是安慰，不如说是要求。这些道理不用强调王力也知道，但如果他能做到，就不会将紧张情绪带到赛场中。

这样的谈话，对缓解王力的紧张情绪毫无帮助，只会加剧他对下一场比赛结果的担忧。

那么，我们应该怎么做，才能帮助王力？

第一步：坦然面对紧张情绪，不要对抗

王力在比赛前一直默念"不紧张"，但越是这样，他的潜意识越会告诉他，他此时此刻十分紧张。

紧张是一种自然反应，这种情绪并没有好坏之分。它既能让人变得兴奋、期待，也会让人心跳加速，焦虑担忧。既然如此，我们不如坦然接受自己的紧张，而不是全身心去对抗它。

只有接受了这份情绪的存在，我们才能进一步去缓解、去消除、去转化。

王力爸爸在看台上看完了整场比赛，他发现儿子在比赛时和平时训练中的巨大差别。凭借对儿子的了解和熟悉，他知道王力这是紧张了。

他来到运动员的出口，接到从赛场出来的儿子，摸了摸他的头说："打得很顽强。"他没有提王力在比赛中的失误，也没有忽视客观存在的事实，而是用简单的一句话，肯定了王力在比赛中呈现出来的毅力。

王力的眼里有了光芒，问爸爸："真的吗？"

爸爸点了点头,说:"当然是真的。儿子,你是不是太紧张了?我看你有几次失误,平时训练时是不可能犯的。"

面对爸爸关切的目光,王力头一次承认了自己的紧张:"是啊,真的紧张。"

第二步:转移注意力,做一些能帮助放松身心的活动

承认了紧张,现在我们需要将自己从这样的情绪中解放出来。最有效的办法,就是将自己的注意力从让自己紧张的事情中暂时移开,进行情绪调适。

在这里,分享5条转移注意力的实用窍门给大家。

1. 寻找到一个让自己感觉最放松的地方。可能是家里,也可能是在人来人往的商场里,地点因人而异,重点在于这个地方能让你彻底放松下来。

2. 练习腹式呼吸,同时在心里默念"放松"。腹式呼吸的步骤:放松肢体排除杂念,由鼻慢慢吸气,感受到腹部慢慢鼓起直至膨胀到极点,再慢慢由口呼出气体。整个过程保持在10~15秒,每分钟呼吸4次。

3. 做一件自己喜欢的事情:看一本书、泡一壶茶、看一场电影。

4. 做一项适合自己的运动。可以是随意的散步,也可以是一场朋友之间酣畅淋漓的球赛,还可以是仅仅对自己的身体关节进行活动。

5. 仔细去观察生活中美好的事物。天空中每一片浮云的形状、路边一朵鲜花的颜色、树上一片叶子的脉络,都可以成为我们观察的对象。

王力和爸爸一起重新进行检录后,爸爸说:"儿子,我们在外面走走。"离下一次比赛还有一段时间,爸爸想利用这段时间来帮助他。

"可是,会不会错过比赛?"王力担心地问。

爸爸笑着说:"不会的,我设了闹钟。"

这个时候,体育馆外面只剩下工作人员,和比赛开始前的热闹场景相比显得有些空旷。爸爸带着他慢慢地走在人行道上,和他聊起在最近一次数学测验上,他所取得的好成绩。

道路两旁绿树成荫,和爸爸说着他自己获得的成功,慢慢地,王力的心平静了下来。

第三步:转化情绪,让紧张成为助力

爸爸的手机震动起来:"时间到了,我们回去。"一想到要重返赛场,王力刚刚放松下来的心情又变得紧张起来。

"儿子,紧张多正常啊,你已经比我年轻的时候强太多了。"

"真的吗?"王力不敢相信。在他的心目中,爸爸就是最强大的人。

"当然是真的,我什么时候骗过你。"爸爸笑着说,"我第一次上台演讲的时候,紧张得连稿子都拿反了。"爸爸说出年轻时的糗事,成功逗乐了王力,让他觉得接下来的比赛也没有想象中那么可怕了。

"你知道后来我是怎么做的吗?"爸爸问他,王力摇了摇头,他也很想知道面对这种情况时,爸爸是怎么解决的。

"我就正大光明地把稿子调了个顺序。"

"就这么简单?"

爸爸摊了摊手,说:"能有多复杂?儿子,紧张其实也是一件好事,它让我知道我对这件事的重视程度,看着台下的观众我开始变得兴奋。你想想看,那么多人只有我在台上,他们都只能听着,是不是很兴奋?"

王力重重地点了点头,赞同说:"对!"

明白了这一点的王力,成功地将紧张转化为兴奋,带着这样的情绪,他发挥出全部的实力,顺利完成了接下来的比赛,夺得了本组别的冠军。

你夸我,我就巨额打赏你

陈宇爸爸接到一个来自银行的电话,电话那头的女声甜美,但内容却让他遍体生寒,犹如大冬天坠入了万丈冰窟。她说:"陈先生您好,您的儿子陈宇的信用卡透支两万四千元,已逾期三个月未还款。"

他的第一个反应是不相信:"你是不是打错电话了?"

"请问您是陈宇的父亲吗?"

"是的。"

"那就没错。"

陈宇爸爸赶到银行进行详细查询,银行没有弄错,确实是陈宇透支了信用卡。为了培养儿子的理财观念,陈宇爸爸给儿子办了一张信用卡副卡。

"这么多钱，你花到哪里去了？"陈宇爸爸看着儿子，气不打一处来。陈宇只是一名高二的学生，吃住都在家里，学费和其他相关费用都由父母直接缴纳。他想不通，究竟有什么地方，能让儿子用掉这么多钱。

透支信用卡的事情被发现，面对怒发冲冠的父亲，陈宇吓得脸色发白。经过一番逼问，陈宇终于吐露了实情，他打赏给了一个直播平台里面的主播。

这样的事实，让陈宇爸爸不敢相信。这么多钱，要是被儿子自己花掉购买手机等物品，他还可以勉强接受，但是，打赏给一个素未谋面的陌生人？怎么会有这样荒诞不经的事情发生。

陈宇妈妈也知道了这个消息，刚刚下班就心急如焚地赶回来，问陈宇："那个主播给了你什么好处，你为什么要打赏她？"

陈宇躲避着妈妈的眼神，被逼急了才说："她对我很好啊，只要我打赏了，哪怕只是一块钱她也会夸我。"刚开始，他只打赏一元两元，后来发展成十元二十元。当他发现他打赏得越多，主播就越夸他的时候，便一发不可收拾。

"因为她夸你？"这个答案，显然让父母都不能接受。但是，这就是最真实的原因。

陈宇的行为，在父母的眼里称得上是匪夷所思。他为什么会这么做？让我们一起来剖析背后真正的原因。

一个事实：从小到大，陈宇是未被父母赞美过的孩子。

陈宇的父亲是一名性格严厉的人，从小对他实行严格管教。他最常对陈宇说的一句话是："我不求你将来能出人头地，但至少不能成为社会的祸害。"

他的妈妈是公司的高管，被人们称作女强人。她用自己的标准来要求陈宇，如果做不到就会训斥他："我怎么会生出你这么笨的儿子！"

从陈宇记事起，他就从来没有得到过父母的夸奖。他努力学习，一次又一次地拿回100分，妈妈只说：不错，下次继续努力；他表现优秀，成功获取了班长的职务，爸爸只说：你要明白做班长的责任；他参加书法比赛拿回了一等奖，妈妈只看了一眼奖杯就让他收起来……

还有很多类似的事情，每一次，当陈宇兴冲冲地告诉爸爸妈妈一个好消息，等来的总是父母冷淡的反应。他的内心一直渴望着来自父母的赞美，然而这项愿望却一直未被满足。

直到有一天，他无意间在手机的直播平台里打赏了一个主播。对这个主播来说，只是一次对打赏的感谢之词，充满了敷衍了事的公式化，但就是这样的夸奖，却填补了陈宇内心的空虚。

一个原因：父母认为男孩要进行挫折教育、打击教育，赞美只会使他骄傲自满。

然而，在父母的心中，真的就像他们表现出来的那样，对儿子取得的成绩漫不经心，不认可他的优秀吗？

事实并非如此。

在外人面前，比如妈妈在公司的领导和下属面前，就常常表扬儿子，以儿子的好成绩而自豪。爸爸虽然严厉，话也不多，但在外人面前谈论起儿子时，眼睛里是满满的骄傲。

那他们为什么又不愿意当着儿子的面，赞美他呢？原因就在于两人都认为，对男孩不能表扬，表扬多了就会让他骄傲自满。在他们看来，男孩只有在不断的挫折中，才能学会奋力拼搏的精神，才能成长为真正的男子汉，将来到了社会上才能对抗风雨。

但是他们忘记了，幼小的孩子心思细腻敏感，长期得不到赞美的压抑，父母严苛的标准、否定的态度，都在一次又一次摧残着他的心灵。主播的夸奖，滋养了陈宇渴望赞美的心，让他的情绪得以释放。

原来，一个长期得不到父母赞美的孩子，内心竟然会如此脆弱。让我们来重新认识，赞美在教育中的重要性。

赞美的力量：

什么是赞美？你或许会说，赞美不是很简单吗，就是夸奖一个人。这么简单的事情，还值得专门进行学习？

是的，我们都懂得什么是赞美，但却常常对赞美的力量一无所知。赞美，是发自内心地对某个人、某件事表示肯定的一种表达。

不知道从什么时候开始，父母总是吝于赞美自己的孩子,这个现象在养育男孩的家庭中表现得尤为明显。要扭转我们的观点,先来看看赞美会给孩子带来怎样的好处。

1. 时常获得赞美的孩子,更有自信

一个人的成功,离不开在背后支持他、鼓励他、赞美他的人。这个道理,放在孩子身上也同样适用。父母的肯定与赞美,能让孩子增强信心,挑战自我,从而变得越来越有自信。

2. 赞美,可以增强孩子的成就感

在成长过程中,孩子会拥有许多第一次。第一次学会独立走路,第一次画出心中的那幅画,第一次学会炒菜,第一次获得比赛第一名……这许许多多的第一次,哪怕是很不起眼的瞬间,都是孩子所取得的成就。

在这个时候,如果孩子能获得父母及时的赞美,就会在精神上获得极大的满足,激励着他去探究更多的未知领域。

3. 赞美,能培养出积极阳光的孩子

父母是孩子的第一任老师,当我们在赞美孩子时,同时也在潜移默化中教会了他如何与别人相处。当我们赞美孩子:"你今天的画颜色搭配比以前更漂亮了,有进步!"他下次在欣赏别人的画作时,也就学会了用赞美的眼光去看。

明白了赞美的力量,要解决这个案例中存在的问题,就变得十分简单。

第一步：父母认识到从不赞美对儿子带来的心理伤害

经过这件事，陈宇的父母才认识到他们一直以来认为正确的做法，秉承着的教育观念，给予儿子多大的伤害，才让儿子做出这样荒唐的行为。

花巨额打赏主播，是陈宇不经过父母同意的错误行为，但在这样的行为背后，却反映出他们教育的失败。

"这不怪儿子，是我的问题。"妈妈语气沉重，"我应该早点让他知道，我多么以他为自豪！"

"他说，在家里没人会夸他。"这句话听起来是那样心酸，让爸爸反省着自己的做法。

第二步：学会正确赞美孩子，弥补孩子的心灵创伤

言之有物、赞美有度，才是正确的赞美方法。我们不能为了让孩子的心情变好，而进行盲目赞美，更不能让赞美泛滥成灾。学会赞美，并不意味着我们就不能批评。

面对渴望赞美的儿子，陈宇父母又该怎么做呢？陈宇爸爸在将信用卡欠款归还之后，想出了一个好办法。

"今天妈妈在公司加班开会，我们一起去接她。"爸爸带着陈宇，一起来到了妈妈所在的公司。

会议室的门关着，但隔着玻璃门也能清晰地听见里面人说话的声音。会议已经结束了，里面传来人们收拾东西和说笑的声音，显得轻松愉悦。

忽然，陈宇听见了他自己的名字。"我听说，你们陈宇这次摸底测验，又考了年级前十？"

妈妈会怎么说呢？陈宇心里十分忐忑不安，情不自禁地握紧了双手。

"是啊，"陈宇听见妈妈的声音里充满了骄傲与自豪，"他在学习上一直就很自觉，我都没怎么管他，全靠他自己的努力。能考到年级前十，挺不容易的。"

接下来里面的人还说了什么，陈宇不知道，他的耳边一直回响着妈妈对他的肯定与赞美。不知不觉间，泪水盈满了他的眼眶。

"走吧，我们回家。"妈妈笑盈盈地出现在他的身前，陈宇大力地点头，久违地挽起了爸爸妈妈的手臂，一家三口朝着家走去。

没有奖励,我就故意考砸

飞飞是一名三年级的小学生,马上就要期末考试了,他回到家跟妈妈说:"妈妈,要是考到了年级前十名,您奖励我什么东西?"

妈妈想了想,说:"那就奖你一个机器人玩具,怎么样?"

"机器人玩具?"飞飞不满地噘着嘴,说,"我去年就有一个,不要这个。"

"那,奖励你一套图书?你想买哪套,就跟妈妈说。"

飞飞还是摇头:"我才不稀罕什么书。"

"那你要什么?"妈妈问他。

"我想要一个最新的平板电脑。"飞飞说。

妈妈吓了一跳，说："那个家里不是有一个吗？"平板电脑价格昂贵实用性不高，她从来没有想过，把平板电脑当作孩子的奖励。

飞飞不满地说："家里这个都是几年前的了，早就出新款了好吗？班里的同学都用的是新的，就我一个人还是用旧的。"

妈妈犹豫了半天拿不定主意，说："你让我想想。"

晚上，妈妈和爸爸商量这件事情，爸爸说："不行，这次考个年级前十就奖平板，那下次又怎么办？他才三年级，还只是小学。"

爸爸的话，让妈妈下定了决心，第二天跟飞飞说："飞飞，我跟你爸爸商量了，平板电脑不能作为你考试成绩的奖励。"

"为什么？"飞飞瞪大了双眼，说，"我每次考试，不都有奖品吗？"他不能接受这个现实。

"平板电脑太贵了，而且……"还没等妈妈说完话，飞飞就大哭大叫起来，"不！我就要平板！"

看着飞飞这个样子，妈妈不禁心疼起来，差点就心软答应了他的要求。幸好在这个时候，爸爸回来了，大声喝止飞飞的行为："飞飞，停下！"

飞飞一愣，腮帮子上还挂着泪珠，看着爸爸严肃的表情，不情不愿地停止了哭泣，回到自己的房间。

期末考试成绩下来，飞飞一下子从班级的优等生，滑到了后十名。这样的成绩，不可能是他的真实水平。

"这是怎么回事？"妈妈拿着成绩单问他。

飞飞哼了一声，把脸扭过一旁，说："反正也没有平板，我考多少不都一样？"他有些题根本就没有做。

妈妈被他说的话惊呆了："你怎么这样说，这是你自己的学习成绩。"

飞飞反驳说："不，我是因为有奖品才好好考试的，是妈妈你要我学。妈妈，您就答应我，给我买平板吧，下学期我保证给你考个年级前十。"原来，他早就想好了，妈妈最在乎他的学习成绩，他就将这件事作为要挟，来获得平板电脑。

听见飞飞的话，妈妈陷入了沉思，让她对自己一直以来的做法产生了怀疑。

用物质奖励来刺激孩子学习，来鼓励孩子去获取一个好成绩，相信大家并不陌生，在生活中也常常见到。

"儿子，这次你考好了爸爸给你买一个遥控飞机！"

"你好好考，考好了妈妈带你去看电影。"

"这次你考到前五名，我们就去国外旅游。"

这些话，听起来是不是很熟悉？让我们来分析一下，在父母不同的承诺之下，都掩藏着同一个事实："考好了"是家长开出来给孩子的条件，相应的便是形形色色的孩子们想要的奖励。

使用物质奖励，有怎样的弊端？

一、会让孩子将学习与奖品画上等号，从而忘记了他学习的初衷

长期使用物质奖励，孩子会丧失内在的学习动机，只有在获得奖品时才会拥有短暂的兴奋，之后又会归于空虚的内心。

随着孩子年龄的增长，他们所要求的奖励也会升级，不再是一个玩具就能满足，变得贪婪。当父母无法满足他们的需求时，他们也就失去了对学习的兴趣。甚至像飞飞这样，表现出故意将考试考砸，来抗议父母不满足他要求的行为。

在物质奖励的刺激下，孩子们忘记了父母要他们好好读书的目的，会理所应当地认为：我是为爸爸妈妈而读书，是他们要求我学习成绩好。

二、影响孩子人格的形成

物质奖励，形同于利益交换。孩子用好成绩来交换他想要获取的利益，不利于他正在形成的价值观。这样的事实，会让他形成一切都可以用成绩来交换的观点，将来长大成人后，他也会把很多事情用金钱来进行衡量。

在物质奖励下长大的孩子，会逐渐形成自私、冷漠的性格，只想要达成自己的目的，不会考虑对方的感受，只知索取。成人后，他们也很难为他人着想，难以融入社会，被团体所接受。

三、成为家庭矛盾的源头

孩子的欲望从小到大，父母总有不能满足的一天。当这一天来临的时候，孩子就会出现抵触行为，甚至是激烈的反抗情绪。就像飞飞，他故意考砸的行为，就是对父母不满足他要求的一次反抗。

不管是奖励孩子的成绩，还是奖励他要勤于做家务等其它事情，这样的物质奖励都把孩子本应该做的事情和利益画上了等号。一旦这个等号发生歪斜，孩子的欲望和父母的要求之间就会产生差距，进而发生家庭矛盾。

那么，面对已经被物质奖励惯坏的飞飞，我们应该怎样做？

第一步：不接受孩子的要挟，让他明白学习是他自己的事

妈妈经过反省后明白，飞飞将学习成绩作为跟父母谈条件的资本，这样本末倒置的行为，并不是她进行物质奖励想要达到的目的。

"飞飞，你要知道，父母不能陪伴你一生，将来你能活成什么样子，都取决于你现在怎样对待学习。"飞飞第一次听到妈妈这样说，可是他的心里仍然牵挂着平板电脑，根本听不进去。

"你有没有想过，现在你能用考试成绩在妈妈这里换平板电脑。但是，等你长大工作后，又用什么去换你想要的东西呢？"

听到妈妈的这个问题，飞飞愣在当场。他年纪虽然小，却也明白工作和在学校的不同。是啊，工作后没有成绩作为衡量标准，他又用什么东西换呢？

想了好半天后，飞飞说："我工作了就能自己挣钱了，想要什么自己挣钱买。"

妈妈点点头说："你说得没错，那如果你挣的钱只够你自己的生活费呢？"

"什么是生活费？"

"你要有房子住、出门要乘坐交通工具、联系别人要用手机，要吃饭要穿衣，这些都要花钱。你现在没有用钱，不代表你不需要花钱，你的学费、吃穿、玩具等，都是爸爸妈妈付了钱。"

飞飞从来没有想过这些事情，他只知道想要什么东西了，就要求爸爸妈妈购买。过了几天，他才跟妈妈说："我知道了，如果我挣的钱只够生活费的话，那就什么也买不了。"

妈妈说："所以，我才要求你认真读书。不是为了妈妈，是为了你将来不必为了生计奔波，能拥有选择的自由。"

第二步：逐渐让口头赞美取代物质奖励

飞飞明白了学习与未来的关系之后，不再要求过分的物质奖励。妈妈也改变了方式，使用更多的口头赞美，来取代物质奖励。

当飞飞取得好成绩时，妈妈会说："这是你一直以来付出努力获得的成果。"外出去超市购物，飞飞帮妈妈拎东西时，妈妈夸他说："我们儿子长成小小男子汉了，能替妈妈分担家务了！"当飞飞写了一篇好的作文时，妈妈说："开头引用的名人名言很切题，中间部分的描述恰当，结尾和开头呼应，写得太好了！"

妈妈惊奇地发现，当她这样做的时候，飞飞脸上的笑容越来越多。而且，只要她用心，就能进行有效的口头表扬。她愧疚地发现，以前使用物质奖励，是她自己偷了懒，认为物质奖励简单方便，见效快。

第三步：奖励正确的行为，而非结果

物质奖励的确有弊端，但也不能全盘否定。在适当的时候，我们仍然可以使用物质奖励。那么，什么才是合适的时机呢？

1. 当孩子做到他承诺的事情时

孩子遵守了良好的秩序，做到了他答应你的事情，在这样的时候，可以适当给予物质奖励，满足孩子一个小小的愿望。

2. 当孩子的表现比你想象中更优异时

孩子提前结束了他的电视时间，或者是主动去学习时，可以及时给予奖励，鼓励他继续这样的行为。

告别恐慌，直面青少年抑郁

还有半年，沈乐马上就要参加高考了。随着学习压力的不断增强，学习难度的不断提升，他的脾气也变得越来越差，一点点小事就会让他大发脾气、心浮气躁。

最近在家里，他经常是这样的表现：

"妈，我那双蓝色袜子怎么找不到了？"他嘭的一声关上衣柜门。

"好烦，我的错题本呢？"他将书包反过来，将里面的东西统统都倒出来，文具、书本、试卷散落了一地。他看着地上的杂物，烦躁地抓了抓头发，愤懑地说："怎么全世界都在跟我作对！"

在饭桌上，他啪的一声摞下筷子："今天的菜怎么这么难吃?"

妈妈还发现,沈乐不仅在家脾气不好,好不容易获得一点休息时间,他就沉迷于一款手机射击游戏,看着里面的怪物被爆头,觉得十分解气。

这周的摸底考试成绩下来了,沈乐考得不错,妈妈心中的担忧放下了大半。看来,孩子是因为学习压力太大,所以才表现出心烦意乱吧,只要学习没有退步就行。

但让妈妈觉得意外的是,对自己明明还不错的成绩,沈乐也没有一点喜悦之情,这就太不正常了。

"乐乐,你最近是怎么了?"妈妈关心地问他,"是不是有什么烦心事,说出来给妈妈听听,看我能不能帮上忙?"

沈乐不耐烦地说:"妈,你就别管了,我哪有什么烦心事。"

"那你怎么显得情绪不高的样子,这次摸底考试成绩不错,也没见你高兴。"

"有什么值得高兴的,这次不错,不代表下次也不错。就算下次也还可以,不代表高考时就能考好。"沈乐的语气中,充满了浓浓的悲观意味。

妈妈一惊,这孩子,怕不是出了什么毛病吧?

沈乐妈妈想得没错,根据沈乐的言行及表现出的症状,可以初步怀疑他具备了青少年抑郁症的征兆。

一组数据显示:在全球范围内,青少年抑郁症是目前15~29岁人群的第二大死亡原因,仅次于车祸。家长朋友们，一定要对此给予足够的重视，一旦青少年抑郁症没有得到有效的治疗，后果不堪设想。

了解青少年抑郁症：

一、青少年抑郁在症状表现上与成人不同

成人抑郁，会有思想迟缓的症状，反应迟钝。但在遇到高兴的事情的时候，成人一样能高兴得起来。

处于青春期的青少年，正在经历人生最特殊的一个阶段，很多孩子会在这个时候进入叛逆期。身体的发育、学业的繁重，再加上面临中考、高考这样的重大人生关卡，使得青少年抑郁并不鲜见。

青少年抑郁，最明显的情绪特征是"心烦"。就像沈乐一样，稍有不如意的地方，就像火药桶一样，一点就燃。其他表现还有注意力不集中、学习成绩下降、对事物和前途感到悲观，沉迷于手机网络，开始抽烟喝酒，甚至离家出走、自残等行为。

而这些表现，又常常会被家长误认为是孩子叛逆期的行为，没能引起足够的重视。在这里，我们呼吁大家，一旦孩子出现类似表现，需立刻带孩子去进行心理诊疗。

二、青少年抑郁的病因

1. 家族遗传：约50%抑郁青少年的父母中，至少有一人曾患抑郁症。父母曾有过抑郁病史的，要格外观察孩子的表现，进行有效预防。一旦发现抑郁的征兆，及早就医，早发现早治疗早痊愈。

2. 我们要对性格内向、缺乏朋友、孤僻多疑的孩子，看事物负面消极的孩子，突然遭遇意外挫折的孩子，给予更多的关爱，提前干预，预防青少年抑郁。

3. 父母死亡或离异的家庭、父母对子女缺乏关爱、童年时期遭受过严重不幸、青春期时受到精神上的创伤、学习上遭遇重大困难、身患重大疾病等，都是易于诱发抑郁情绪的因素。

三、预防青少年抑郁

1. 积极关注孩子的心理健康，培养孩子正面向上的良好人格。

2. 事物都有两面性，教会孩子从正面阳光的角度看待，发现生活中的美好。

3. 鼓励孩子交一批好朋友，当他遇到不愉快的事情的时候，有不同身份的人供他倾诉心事。

4. 拓展孩子的视野，看书、旅行，丰富人生经历。

5. 拥有广泛的兴趣及自己的爱好，有助于孩子保持旺盛的好奇心。

6. 培养孩子的格局，当一个人仰望星空时，就不会为眼下的蝇营狗苟所困扰。

了解了青少年抑郁症的相关知识，具体到这个案例中，我们应该怎么做？

第一步：杜绝恐慌，带孩子去确诊

抑郁跟感冒发烧一样都是疾病，都需要医生的治疗。

发现孩子身上有了抑郁的相关症状，父母先不要惊慌，尤其不能让孩子感觉到恐慌的情绪，这会让他们的病情加重。

"乐乐，我们明天请一天假，妈妈给你挂了一个专家号。"

沈乐诧异地抬起头："妈，我没有什么地方不舒服。"

妈妈笑着说："就去看看，没有更好。"

到了医院，沈乐看着"精神心理科"的标志驻足不前，恼怒地问："妈，你这什么意思，怀疑我是精神病吗？"

"妈妈没有这个意思，妈妈只是觉得，你可能心理生了病。你知道妈妈大学同学家的那个孩子吧？他就是因为抑郁症，休学一年，今年的高考都没有去参加。"

妈妈平和的态度和她举出的事例，终于让沈乐迈入了诊室的大门。经过医生诊断，他正是患了青少年抑郁症，不过值得庆幸的是，妈妈发现得早，他还只是初期，病情并不严重。

第二步：配合医生进行治疗

在确诊后，根据沈乐目前的病情阶段，进行心理治疗，并未开具治疗抑郁症的药物。

妈妈替沈乐找的这名心理医生，具备治疗青少年抑郁的经验，并答应沈乐，会替他保守秘密，减轻他的心理负担。

心理治疗，与治疗身体疾病有所不同，经过与沈乐的沟通，医生制定了认知行为疗法（CBT）来对他进行心理干预。经过连续两个月的治疗，沈乐的病情已经大有好转。

第三步：帮助孩子拟订一份期望清单

在这份清单上，写下沈乐想要达成的愿望，并在每个愿望下面写出可以实施的步骤。明白了自己想要怎样的生活，帮助沈乐重燃对生活的激情。

治疗抑郁症并防止复发，医生的治疗只是一方面，家长还要肩负起更多的责任。替孩子减轻压力，保证充足的睡眠、均衡膳食、健康作息，鼓励孩子建立自己的朋友圈，常做让他感到开心的事情。

只要做到提前干预、积极治疗，抑郁症并不可怕。作为父母，我们有责任和义务，关注孩子的心理健康，引导他们健康成长。

第五章

教会孩子正向交际能力

在一个班集体中,总有那么一两个孩子特别受到同学们的欢迎,老师也喜欢他们。当我们再仔细观察,会发现受到众人欢迎的孩子,成绩可能并不是班上最好的,在团体活动中表现也不是最优异的。他们或许担当着不那么重要的班级职务,比如体育委员、图书管理员,等等。

但是,孩子们就愿意和他们一起玩耍,这是为什么呢?

在这个章节里,我们就带领大家一起来揭开这个现象背后藏着的秘密,共同探寻孩子们如何才能正向交际的奥秘。

孩子遭到拒绝，该怎么做？

小杰聪明懂礼，笑起来甜甜的，在幼儿园里是一名受欢迎的孩子。

这一天，他跟随妈妈一起出门，来到一家大型的户外超市。这里，有免费的蹦床、滑滑梯供孩子们玩耍，还可以尝试溜冰、骑自行车等运动，是孩子们喜欢的乐园。

妈妈牵着小杰的手说："小杰，妈妈先买东西，买好了再陪你去玩好不好？"

小杰的眼神就好像粘在那个蹦床上一样，很想立刻就去玩，但他还是懂事地点了点头，答应了妈妈的要求。

妈妈摸了摸小杰的头，笑着说："儿子懂得为妈妈着想了，真好。"

没花多久时间,妈妈就买好了需要的东西,放入寄存柜里,陪小杰来到了他渴望已久的蹦床边上。

在这里面,已经有好几个跟小杰年纪差不多的孩子在里面玩。小杰脱了鞋子爬上蹦床的台阶,正要进去时,却发现一个绿衣服的小女孩守在蹦床的拉链门那里,手里握着拉链头,不让小杰进去。

小杰不知所措,回头看了一眼妈妈,发现妈妈用鼓励的眼神看着他。

"我可以跟你们一起玩吗?"小杰问那个绿衣服小女孩。

绿衣服小女孩把头摇得跟拨浪鼓一样,拒绝了小杰的要求。里面还有三个孩子,看起来是和绿衣服小女孩一起的,只看着小杰大声嘲笑。

小杰沮丧极了,心情低落地下了台阶,闷闷不乐地坐在妈妈身边。

"怎么了?"妈妈温柔地问他。

小杰的伤心一下子找到了出口,扑入妈妈的怀里,眼里的泪珠成串地往下滴落,哽咽着说:"妈妈,他们不要我跟他们一块儿玩。"

他期盼了那么久,结果却连进都进不去,这让他幼小的心灵受到了打击。

妈妈将他抱在怀里,右手轻轻地拍着他的背:"妈妈知道你很难过,没关系的,妈妈陪着你呢。"

哭了好一会儿,小杰才停了下来,问:"妈妈,他们为什么不跟我一起玩?"

面对这个问题,妈妈仔细地想了想,才回答说:"那是因为他们不了解你,不知道你是一个很好的游戏伙伴。他们不认识你,所以才拒绝你,这不是你的错。"

"真的吗?"小杰的眼里重新有了光亮。

"当然是真的,妈妈什么时候骗过你?"妈妈说,"你看,在幼儿园里,大家不是都抢着跟你玩吗?西西有一天还跟我说,他不是故意打到你的,让你千万不要生他的气,还跟他一起玩。"

妈妈举的例子,成功地让小杰回忆起在幼儿园里受欢迎的时光,顿时就没那么难过了。妈妈说得对,因为这些都是陌生的小朋友,所以他们才会拒绝自己。

"小杰,你告诉妈妈,你是想要跟他们一起玩呢,还是只想要玩蹦床呢?"

小杰不假思索地回答:"我就是想要玩蹦床。"是啊,他只是想要玩蹦床,跟谁玩并不是最重要的。

"就快到午饭时间了,妈妈想他们也玩不了多久,就会被父母叫去吃饭。"妈妈想了一个主意,说,"要不就这样,我们先去玩会儿自行车,然后再过来看看他们走了没有。"

"好。"小杰答应下来,说,"妈妈,我可以去玩滑滑梯吗?"他刚才看过,滑滑梯的那里没有人,而且,在那里还可以看见蹦床的情况。

"行,"妈妈擦干了儿子脸上的眼泪,笑着表扬他,"儿子真聪明。"于是，陪他一起到了滑滑梯的地方。

事情的发展果然就像妈妈所预测的那样，过了半小时，那几个孩子就被父母叫走去吃饭了。

小杰看见这边蹦床空了，赶紧从滑滑梯上下来，开心地拉着妈妈的手，到了蹦床边上。这一次，再没有人阻止他进去。

他在蹦床上高兴极了，大声喊着："妈妈！您快看，我蹦得多高。"妈妈含笑看着儿子，给儿子鼓掌。

蹦床是一件很耗体力的运动，玩了大半个小时，小杰就满头大汗，肚子也咕噜咕噜叫了起来。他也该饿了，这个时候本来就过了饭点。

"下来吧，我们去吃饭。"

"好。"小杰高兴地走下来，牵着妈妈的手一起朝着餐厅走去。

在路上，妈妈跟儿子开着玩笑："宝贝，你知道什么东西，能让每个人都喜欢吗？"

"什么呀？"小杰想不出来，歪着头看着妈妈问着。

妈妈乐了，说："妈妈告诉你吧，只有人民币。"

小杰一下就笑了出来，过了一会儿自言自语说："对啊，我又不是人民币，凭什么人人都喜欢我。"

这位十分有教育智慧的妈妈，运用自己的机智幽默，成功地化解了一次儿子被拒绝后的沮丧，并将人生哲学蕴藏在浅白易懂的笑话之中，让孩子结合刚刚经历过的事情，自己去体悟、去成长。

小杰妈妈的做法值得我们借鉴，让我们先来了解一下，孩子遭到拒绝后，哪些是错误的做法？

一、父母心疼孩子，上前替孩子主持公道

孩子的世界没那么复杂，拒绝你的孩子加入的原因，往往也相当单纯。

就小杰遇到的这个拒绝来说，这个蹦床已经被几个相熟的孩子所占据。他们玩得很好，就不希望有其他陌生的小朋友加入，这和小杰无关。

还有其他的原因，比如这个小朋友就是讨厌穿蓝色衣服的孩子，有时是不喜欢对方流着鼻涕，还有可能是几个小女孩玩在一起排斥小男孩的加入。

在这个时候，父母不要将事情想得太复杂。你的孩子，在家里是宝贝，在外面就要学会跟各式各样的人打交道，其中的交际技巧必须是他自己去经历才会学会。

在游乐园、公园等孩子玩耍的场合，经常会看见父母替孩子出头。

"这个滑滑梯是你家的吗？"

"让他和你们玩一会儿又怎么了？"

这些话，常常出自心疼孩子的父母长辈口中。也许，那些孩子因为成人的压力，勉强同意了让你的孩子加入，但有这样的前因在，新加入的孩子难免会在原先的小团体中被排斥。

此外，还会养成孩子依赖大人的习惯。凡是碰见类似的事情，就希望家长替自己解决，自己只要享受成果就好。

这样的处理方式，十分不利于孩子的成长。

二、孩子被拒绝，父母的情绪比孩子还要失控

"我们走！"一位妈妈生气地拽起孩子的手，说，"他们不跟你玩，我们回家玩去！我们家的遥控车，比这个大多了！"

她的声音高昂，生怕别人听不见。

孩子涨红了脸，被妈妈拉得踉踉跄跄，消失在小朋友们的视线中。

这位妈妈显然很生气，但是她却没有注意到，这样的处理方式只会让自己的孩子感到害怕和恐惧。

无论妈妈是因为什么发脾气，对孩子来说，这都是一件可怕的事情。他们很难理解这其中的因果关系，会想当然地将错误揽到自己身上。

此外，妈妈故意大声说话的意思，是让那些拒绝的孩子们好好听听，自己家有比他们玩的遥控车更高级的玩具。然而在孩子们的心里，玩具是否更大更高级并不重要，重要的是能有人一起开心地玩耍。

妈妈说出这样的话，只会给自己孩子的心里埋下攀比的种子，让他在潜意识里有一种"我有了好玩具也不给你们玩"的报复心理。这对孩子将来的交际，有害无益。

当我们了解到错误的示范，就更明白小杰妈妈处理这件事情的可贵之处。

那么,她具体是怎么做的呢?

第一步:接纳孩子的情绪,让孩子感觉到被理解与安全感

对小杰被拒绝的过程,妈妈看在眼里,她也心疼孩子的遭遇,但她更明白这样的事情不可避免。她没有冲上去,要求蹦床里的孩子让小杰进去玩,而是在原地守候,给予沮丧的小杰一个温暖的怀抱和陪伴。

在孩子伤心的时候,给他一个释放情绪的出口,让他知道有妈妈陪着他,就是对他最好的理解。这份陪伴,会给将来的亲子沟通打下良好的基础。

当孩子的情绪释放之后,再告诉他对方拒绝他的原因是因为不认识,这样的理由不会让孩子失去自信。

第二步:暂时离开,积极想办法应对

孩子被拒绝加入,做父母的又不能上前替孩子出头。那么,最好的方法莫过于暂时离开。小杰妈妈的做法就很聪明,她敏锐地察觉到接下来是吃午饭的时间,那几个孩子离开的机会很大,于是便说服孩子先去玩别的游戏。

对小杰来说,玩蹦床的愿望显然大于吃午饭。妈妈牺牲了午饭时间,先满足孩子的愿望,再带他去吃饭。可以预见,这顿饭孩子一定会吃得很高兴。

假如妈妈墨守成规,为了儿子身体好一定要遵守午饭时间的话,恐怕整件事就会变得不愉快,小杰无法玩到蹦床的沮丧会持续很久。

我们并不是鼓励不按时吃饭这样的行为，只是告诉大家，在教育上，我们需要灵活变通，因势利导。

第三步：抓住机会，教导孩子人生哲理

当孩子遇到挫折时，是最有效的教育时机。在这个时候，他们因为有了不一样的经历，会有特别的感悟。

妈妈在这个时候，结合刚刚发生的事情，用讲笑话的方式告诉小杰"没有谁能让每个人都喜欢"的道理，将来小杰在遇到相似的事情时，会减少他的沮丧情绪，更不会因此而损伤他的自信。

妈妈这样做，等于提前为小杰打了一剂预防针。在这样的教育下长大的孩子，可以预见，他将来一定会是那个受欢迎的孩子。

儿子被带坏了，该怎么办？

孩子在成长道路上离不开朋友。但在孩子还未成年之前，他们还未能完善自己的人生观，很多时候并不能分辨什么样的人值得结交，哪些人应该远离。

而在社会上，就有这样一些势力，会利用青少年的弱点，抛出短暂的眼前利益，用"讲义气、好哥们儿"这样的说辞来打动男孩，引他们走上歧途。

如何帮助孩子择友，成了让家长朋友们头痛的问题。

关于交友标准，我们在古人说过的话里就能找到答案。

孔子曰："益者三友，损者三友。友直、友谅、友多闻，益矣；友便辟、友善柔、友便佞，损矣。"这句话的意思是：有益的朋友有三种，正直的人、诚信的人、见闻广博的人，这是有益的。有害的朋友有三种，惯于走邪道的人、善于阿谀奉承的人、惯于花言巧语的人，这是有害的。

那么，在实际的教育中，我们应该怎样做，才能达到让孩子交到益友的目的呢？让我们先来看一个案例。

大鹏上初中了，他长得高、生得壮，父母从不担心他在外面会受到欺负。因为他小学时表现乖巧，所以他的父母也不担心他会闯祸。

直到有一天，大鹏妈妈接到孩子班主任周老师的电话，急匆匆地赶去学校，才知道孩子竟然是学校里一个名叫"霸天虎"团体的成员之一。而这个团体，以霸凌弱小为荣。

看着站在老师办公室垂头丧气的儿子，妈妈气得眼泪都掉了下来。这到底是怎么回事，为什么她引以为傲的儿子，上了初中后竟然会成为这样的坏孩子？

"今天课间操结束的时候，大鹏和两个高年级的孩子在一起，将一个四班的孩子堵在过道里，敲诈勒索。"周老师的话，让妈妈感到不可思议，她不敢相信这样的行为，竟然是自己儿子做出来的。

但是大鹏的神态，无疑正说明了这是事实。

"周老师对不起，我一定好好教育。"大鹏妈妈使劲给周老师和那名被欺负的同学道歉。

"大鹏妈妈，你一定要注意孩子的交友情况，我也会格外注意。这次大鹏的行为恶劣，学校给予警告记过的处分，写检讨书。"

"好的好的，辛苦周老师了。"儿子犯了错，妈妈也抬不起头。

回到家里，妈妈严肃地质问大鹏："你好好告诉我，那个霸天虎是怎么回事，你又是什么时候加入的，平时都做些什么？"

"也没什么……"大鹏支支吾吾不想说实话，后来迫于无奈才和盘托出。

原来，组成霸天虎的那些孩子，本来就是学校里的"小霸王"。大鹏因为体形高壮引起了他们的注意，他们讲加入后大家就是好哥们儿，在学校里就能横着走。大鹏并没有立刻答应他们，但后来那些孩子总是带着游戏机、薯片等来找大鹏玩，慢慢地大鹏也就和他们玩到了一起。

"你知道自己的做法是不对的吗？"

大鹏愧疚地低下头，说："知道。"但这种挑战学校规则的行为很刺激，又有人和他一起，他就将是非对错给抛在了脑后。

从这个案例我们可以看出，作为父母任何时候都不能掉以轻心。尤其是对开始了青春期的男孩而言，他对很多事情都抱着好奇的态度，自控能力差，容易被眼前利益所引诱。再加上从众心理和侥幸心理，让男孩十分容易走上歪路。

那么，我们应该怎样做？

第一步：积极预防，防患于未然

交友，从孩子懂事起，就贯穿他的一生。在他年纪尚小的时候，友情对他来说显得没那么重要，他更在乎亲情。

在这个时候，家长朋友们就应该告诉他什么是好的朋友，什么是坏的朋友。朋友们在一起，哪些是好的行为，哪些又是坏的行为。一名好的朋友，将带给他们怎样的好处。

只要孩子心里有了正确的交友观，在进入青春期后就具备了基础的分辨能力。

我们还应该告诉孩子，当你们在不确定一个朋友能否结交的时候，可以回家告诉父母，请父母来帮助你们进行判断。

只要我们做到以上两点，积极预防，就不会在事情发生后才追悔莫及。

第二步：教导孩子分辨什么才是真正的朋友

真正的朋友，是什么样子呢？孩子们又该怎样去筛选朋友？这与每个孩子的性格、兴趣爱好有关，并没有一个标准答案。比如说，参加了航模兴趣班的孩子，他们就能收获到相同兴趣的朋友；活泼开朗的孩子，他的朋友也能跟他一起天南地北地聊天。

在这里，教给大家 10 个实用小技巧，可以让孩子用这样的技巧去分辨什么是真正的朋友。

1. 会在你伤心失望的时候，关心你的人。

2. 不会嫉妒你,因为你的成功而高兴的人。
3. 没事的时候会想你,给你打电话的人。
4. 不会试图控制你的人。
5. 不会泼你冷水的人。
6. 哪怕存在竞争关系,也会和你一起讨论问题的人。
7. 会站在你这边,理解你的人。
8. 尊重你的选择的人。
9. 敢于指出你过错的人。
10. 心胸开阔,能包容你其他朋友的人。

第三步:主动创造良好的交友环境

近朱者赤,近墨者黑。一个良好的交友环境,对正处在青春期的男孩来说相当重要。这也是为什么,许多家长朋友都想方设法让自己的孩子上名校的原因。

在名校里,有成熟的管理制度、教导有方的良师、品性良好的同学。还有着浓郁的学习氛围,同学们互相形成良性竞争,以学习成绩好为荣,以解开一道难题作为自己获得的成就。在这里,交到良友的概率要大得多。

但教育资源毕竟是有限的,孩子进入名校的父母不能觉得就此可以高枕无忧,没有进入名校的孩子家长也不要过于担忧。

孩子的一生,将和形形色色的人打交道。如何能在接触到的同龄人中,交到良友,进而成为挚友,父母有引导教育的义务,孩子有学习的责任。

作为父母，妈妈有责任让大鹏摆脱这样的现状。

"霸天虎"是学校里的小霸王团体，他们选择让大鹏加入，是因为他的体形能帮助他们更容易地去勒索其他孩子。当妈妈将这个道理告诉大鹏后，大鹏才知道所谓的好哥们儿，背后竟然是这样的利益交换。

大鹏妈妈带着孩子来到"霸天虎"团体的孩子面前，告诉他们自己儿子从此不再是霸天虎的成员，请他们不要再来打扰自己孩子的学习。

"霸天虎"的成员毕竟也只是孩子，来自成人的介入干预，让他们果断放弃了大鹏。这个事实，更让大鹏认清楚了他们并不是真正的朋友。

如果你的孩子也遇到这样的事情，而那个团体更难以管教，不愿意放弃，建议你让孩子认清楚他们的真面目后，替自己的孩子转校，换一个环境重新开始。

古有孟母三迁，今天为了孩子我们也能做到。

在这里，祝所有的孩子都能结交到互相扶持的良友，受益一生。

孩子，你要学会说话

"妈，他唱歌像在拉大锯，实在太难听了！"

"哈哈哈，你看他走路多难看，像鸭子一样。"

"长得丑不是你的错，出来吓人就是你的不对了。"

这半年来，就读小学五年级的方亮口中经常挂着这样的话，这让他觉得自己很酷，很与众不同。新学期开始了，到了竞选班委的时候。方亮一直担任着副班长的职务，这次他将自己的目标定在班长上面。他摩拳擦掌，很有信心。

但是，同学们投票的结果却很让他伤心失望。不仅没能选上班长，就连副班长他也落选了，投票给他的人寥寥无几。

这是怎么回事？方亮不明白。他总结了一下，他的成绩名列前茅，性格外向，参加班上的活动也很积极，可是为什么不选他？

这样的结果，让他十分沮丧。回到家后，整个人都没有精神，无精打采。

"儿子，你怎么了，是不是在学校遇到了什么事？"妈妈关心地问他。

"妈，今天选班委了，他们都不选我！"方亮一脸委屈，这件事严重地打击了他的自信心。

"那你知道为什么吗？"妈妈引导着他自己去思考。

"我就是想不通。"

"或许，你需要去问问同学，他们不选你的理由。"

方亮想了想，认为妈妈说得有道理。与其自己在这里苦闷猜测，不如去问问原因。

"你为什么不选我？"方亮问和他同桌的女生。

女生头也不抬，说："你不是嫌弃我做小组练习时速度太慢，拖累了你吗？我为什么要选你，我要选个不嫌弃我的班长。"

"你为什么不选我？"方亮问数学课代表。

"你到处说我唱歌难听，我不想选你。"

"他们为什么不选我？"方亮问他的好朋友。

他的好朋友犹豫了一下，说："我觉得，可能是你说的话让他们讨厌你。"

"可我说的都是事实，难道他们不能接受事实吗？老师不是说，真正的好朋友就是要敢于直言，指出对方的弱点，才能够共同进步吗？"

他的好朋友摊了摊手，说："那我也不知道了。"

老师的话没错，那么方亮的问题出在哪里呢？

一、他说的是事实，但却用错了语气

直言指出对方的缺点，是建立在彼此信任的基础上的，以诚恳的语气告诉对方，你在这个地方还有进步的空间。

最起码要做到的一条，就事论事，尽量不加入自己的客观评判，更不能是嘲笑。

在方亮指出数学课代表唱歌难听的这件事情上，他可以这样说："你唱歌容易跑调，是因为音准的问题。如果可以多练习发音，就会唱得好听很多。"但是，他却采取了嘲笑的方式，并且在多种场合公开嘲笑，这深深地伤害了对方的自尊心。

方亮以为，嘲笑别人更能凸显自己的优秀，但实际上嘲笑只会让他人和自己的距离变得更远。

二、他的目的错了，不是以帮助他人进步为出发点

做一件事，初心很重要。最初的原点，决定了你能走多久，走多远。像方亮这样，以嘲笑他人为乐的行为，注定得不到大家的喜欢。

我们为什么要指出对方的弱点？目的只能是一个，就是为了帮助对方克服弱点，使对方变得更好。但是方亮并没有这样想，他嘲笑他人只是为了让自己爽快，却忽略了听者的感受。

同在一个班集体里,对他这样的行为同学们平时就算不喜欢,也不会表现得很明显。但在选班长的时候,同学们同样拥有不将票投给他的权利。

让方亮落选的人,不是同学是他自己。

班集体,是社会的一个缩影。孩子怎么说话,怎么交友,都会对他成人后如何交际有深远的影响。

孩子是单纯的,在方亮的这个案例上,我们可以看出,他没有考虑过对方的感受,也不知道怎样才是好的表达。

说话,并不是具备说话的能力,就叫作说话。沟通是门艺术,正因为孩子年纪小,才更需要父母家长的正确指引,教会孩子该怎样说话。

我们需要先了解以下几个观点。

一、沟通的责任,百分百在自己

既然是说话,那我们就有说话的对象。当我们试图与对方达成某一项协议,或者是说服对方同意自己的看法或一起去进行某一件事的时候,就叫作沟通。

我们首先要明白一点,沟通的出发点,是我们要求对方同意我们的请求。如果没有达到目的,谨记不要用固执、不听建议等这样的词来责怪对方。

我们要明白,沟通的责任在自己身上,只有明白这一点,承担起沟通的责任,我们才能反省在整个沟通过程中,是哪里出了错,是哪句话说得不对,或者是某个环节自己做错了。只有这样,下次我们才能避免同样的错误。

二、只阐述事实

是人就有好恶,但我们却不能将自己的观感强加于别人的身上。像方亮这样的行为,带着自己的主观意愿,对他人进行肆意嘲笑,已经构成了轻微的人身攻击。

女生在进行小组练习时速度太慢,这是一个事实,但这并不代表,旁人就能因此贬低她、嫌弃她。

我们在描述一件事情的时候,需要做到客观理智,杜绝用自己的主观意愿去评判,更不能因为自己不喜欢,而贬低他人。

三、了解说话的对象和目的

在重大场合说话的时候,我们先要对自己说话的对象进行研究,并弄清楚自己的目的。

比如,这是一个"三好学生"的竞选现场,孩子需要上台演讲竞选。在这个时候,他说话的目的就是要竞选成功,听他说话的对象就是老师和同学们。

那么,他应该怎样阐述自己的观点呢?

举个简单的例子,就"学习好"这一点上,他可以讲他获得了很多奖状,得到了多少个 100 分;他也可以说他认真学习,并用自己这个优点去帮助后进的同学们,共同进步。

前者,是他自己获得的成绩,足以自傲。但要注意的是,他既然能站在这个竞选台上,老师同学们对他的优秀就有了基本的了解，他再阐述一遍则毫无新意。而后者，则是他和同学们的互动，因为他学习好而带给同学们的帮助。

相比前者，后者会更让听众产生聆听的兴趣。

在这里，我们并不是说需要用说话去讨好别人。同一件事情，至少有两个以上的不同角度和看法，我们要教会孩子的，是在合适的时候，说出合适的看法。

四、说出口的话，要建立在善良的基础上

俗话说，说出口的话，就像泼出去的水。良言一句三冬暖，恶语伤人六月寒，就算对方原谅了你，但曾经伤害过别人的话，再也收不回来了。

我们在说话前要先在脑中想一想，这句话的出发点是不是善良的，会不会伤害到对方。学会换位思考，多为他人着想，不仅让你的孩子成为一个会说话的人，还会让他富有同情心，具备共情能力。

方亮明白了是自己的问题，十分懊恼。

他只图一时嘴快，伤害了同学的自尊心，怎样做才能挽回呢？

第一步：深刻反省，诚恳道歉

发自内心地认识到自己所存在的问题，向自己曾经伤害过的同学诚恳道歉。道歉，是对自己曾经的行为承担责任，并用实际行动告诉别人，自己知道错了，并保证这样的行为不再发生。

方亮购买了一批质量上乘的笔记本，作为致歉的礼物。并且，他在每一个笔记本的扉页处，都写上对方的名字，和他曾经说错的话，对自己的行为进行了深刻反省。

在最后，他都写上这样一段话作为结尾：我希望你能原谅我，我保证不会再做同样的事情。如果你不原谅我也没关系，我会让你看到我的努力。

收到笔记本的同学们感受到了他的诚意，方亮获得了重新打开友谊大门的机会。

第二步：学会发现他人身上的优点

在这件事情中，方亮痛定思痛，决定要成为那个能好好说话的人。

妈妈说："只要你的内心足够阳光积极，你就能看见别人身上的优点。赞美他们的优点，改进你的不足，妈妈相信你一定会成为优秀的人。"

每个人身上当然有优点也有缺点，就看我们怎样去看待。成为一个擅于发现他人优点的人，你看到的世界就是美好的。真诚地赞美他人，很可能就有一段友谊的开始，进而形成一个良性循环。

同学们为什么都不喜欢我?

成成从小就古灵精怪,长辈们经常表扬他很能干,会看眼色,在班级里他也一直都是活跃分子。上三年级了,成成妈妈却细心地发现,最近他回到家后有些没精打采。

这孩子,是在学校里遇到什么事情了吗?妈妈找了一个机会,耐心地跟儿子谈心。

"妈妈,我觉得同学们好像越来越不喜欢我了。"成成诉说着自己的苦恼,"分组的时候我总是最后一个被选中的,下课的时候他们也不跟我玩。"

原来是这样,难怪他情绪低落:"儿子,那你自己知道是什么原因吗?"

成成摇了摇头,说:"不知道。"

于是，妈妈找了个时间，单独去找儿子的班主任严老师谈话，了解成成在学校里的情况。

严老师说："上半学期的时候，我就发现了这个情况，也找成成谈过心。变成现在这样，应该是和成成写的一篇日记有关。"

在那篇日记里，成成写着"今天小希在上课的时候偷偷玩陀螺，同桌和前面的女生讲小话"等内容，写了好几个同学的名字，都是违反课堂纪律的行为。这篇日记被同学们看见后，成成就开始被排挤。

妈妈知道，从幼儿园开始，成成就爱找老师告状。但孩子遇到委屈，找老师主持公道这并不是什么坏事，她也就没往心里去。没想到，现在竟然成了儿子不受欢迎的原因。

爱告状的孩子，我们在生活中常常见到。在他们"爱告状"现象的背后，也有不同的原因。

第一种：就像成成这样的孩子，他们通常都很机灵，知道该找谁才能最快解决问题，于是就养成了有什么事情就找老师告状的习惯。

第二种：通过告状，来获得老师和家长的关注。这种情况，通常出现在长期被忽视的孩子身上，父母工作忙、家里有了二宝等原因，让家长不自觉地忽视了孩子的心理需求。

第三种：为了获得表扬与肯定。检举了同学，老师除了对犯错的孩子进行批评,还会表扬前来告状的孩子:"成成做得对,下次看见小朋友打架也一定要来告诉老师。"

第四种:孩子间的报复。这种情况通常发生在年纪小的孩子身上,你不和我一起玩游戏,我就盯着你,只要你犯了一点错我就去告诉老师。

第五种:维持秩序。有些孩子会将班级秩序看得很重,比如说老师定下一个规则:在上课前两分钟要回到座位上坐好,准备下堂课要用的书本文具。这个时候如果哪个孩子违反了规定,那个看重班级秩序的孩子就会向老师告状。

告状,本身并没有好坏之分。但随着年龄的增长,同学之间有了集体意识。爱告状的孩子就会被视作集体内的"叛徒、间谍",就算被老师所喜欢,但在同学中却会被排挤。年龄越大,这样的现象就会越严重。

此外,当一个爱告状的孩子长大后,他在一个团队里面也容易成为在背后告状的人,甚至会变成一个在背后说他人坏话的人。这样的人,通常会被别人认为品性不端,被同事疏远,极难结交到真心朋友。

成成已经养成了找老师告状的这个习惯,该怎样纠正呢?

我们可以用正面管教的方法,来化解这个难题。

第一步:教会孩子独立解决问题的能力

从核心根源上进行分析,找老师告状源于孩子对自己能力的不自信。他们不相信靠自己能解决问题。

我们应该培养孩子的自信心，并在日常生活中训练他们独立自主的能力。孩子的自信，常常来源于家长的肯定与支持。我们要相信孩子，相信他能做到在他这个年纪能够做到的事情，并放手让他去做。

当孩子和小朋友产生矛盾的时候，我们不要替他们解决问题。而是应该让他自己去想办法解决，无论孩子有没有成功解决问题，我们都不要干预，可以在事情发生后告诉孩子，怎样做会取得更好的效果。

在这个过程中，我们不能着急，要给予孩子充分成长的空间。不要觉得孩子的办法不好，就立刻冲上去代替他解决问题，那样孩子永远不可能获得成长。

当孩子具备了独立解决问题的能力，父母可以告诉他，看见有孩子违反班级纪律时，他可以自己先尝试着制止，而不是第一时间去告诉老师。我们不做在背后说别人坏话的人，却可以当面指出他们的缺点，帮助他们进步。

第二步：让孩子懂得宽容

孩子告状的内容，通常都是一些上课不遵守纪律、小朋友间发生了矛盾这样的小事。就像成成在日记中记的那些一样，并不是原则性的问题。

孩子天性贪玩，在课堂上走神、玩玩具，都非常常见。如果能保持一颗宽容的心，眼里就不会只看见这些事情。

"成成，你为什么会在日记里写那些事情呢？"妈妈询问他。

"严老师让我们写日记,我不知道该写什么,就把那天同学们的课堂表现写了下来。"

"妈妈觉得,在课堂上表现不好的孩子总是少数,成成你怎么就没有记录那些好的表现呢?"

"好的表现?"妈妈的话,让成成恍然大悟。习惯了告状的他,惯性地认为只有违反纪律的事情才值得记录,他从来就没有想过记录课堂表现优异的同学。

妈妈点点头,说:"我们要擅长发现别人的优点,将好的事情记录下来。也要懂得宽容别人的缺点,不好的事情你悄悄告诉他,妈妈相信他会改正的。"

成成重重地点了点头说:"妈妈,我明白了!"

第三步:引导孩子设身处地地替对方着想

现在很多家庭都只有一个孩子,在家里长辈的眼中,自己的孩子就是宝贝。这并不是什么过错,但在这样环境下长大的孩子,却很难学会替他人着想。

他们常常使用"我"来开头,我喜欢、我要、我不高兴,等等。作为父母,尤其要注意培养孩子的换位思考能力。

"成成,如果是你在课堂上偷偷玩了玩具,被你的同桌看见了。然后下课后,她去给老师告状,你的玩具被老师没收。"妈妈描述了一个场景,问成成,"你想一下,你会是什么感受呢?"

"那我肯定会很生气!"成成扬起了小拳头。

"所以,你这样做,其他小朋友肯定也很生气。你看,你也不能怪别的小朋友不和你玩,对吗?"

成成明白过来,说:"妈妈,我知道了。以后我如果看见了,就提醒他不要玩。"

妈妈赞同地摸了摸儿子的头,说:"妈妈知道你是个好孩子,你想要帮助同学进步,只是用的方法不对。"

成成明白了自己的问题,改掉了爱告状的习惯。他将他的聪明用在帮助同学上面,很快就重新赢得了孩子们的喜爱。

孩子的世界，放手让孩子自己去处理人际关系

王文上初中了，学校和家距离较远，需要大半个小时的车程。因为担心孩子的安全，父母和他制定了一系列详细的规定，要求他一定要照此执行。比如说，算上等车的时间，最长不能超过45分钟到家，如果超出了就必须解释原因。

妈妈还说："你是去学习的，不是去交朋友的。下了课就赶紧回家，没必要和同学在一起浪费时间。"妈妈担心他交到坏朋友，影响他的学习，甚至会变坏，所以给他制定出了一套详尽的作息时间表，让他根本没有时间和同学相处。

事无巨细的过问，严密的管教，时常让王文觉得透不

过气。他觉得自己很孤独,没有自由时间、没有朋友,看着别人都相约一起上下学,他却只是自己一个人,连想找个人诉苦都办不到。

幸好,在学校的时间,妈妈总是管不到。慢慢地,王文在班上也拥有了一个能谈得来的朋友,他叫石川,跟王文一样都喜欢下象棋。

"王文,这道题我始终想不明白,你能不能给我讲讲?"在快放学的时候,石川提出了请求。王文犹豫了一下,答应了,他十分珍惜这份来之不易的友谊。

这天回家,他比正常时候晚了15分钟。

"去哪里了?"妈妈问他。

"公交车在路上坏了。"王文撒了个谎。妈妈点了点头,没有怀疑。

但这样的情况变得越来越多的时候,王文觉得自己已经找不到借口,只能硬着头皮撒谎。妈妈的眼睛里,也出现了怀疑。

这天放学,王文在学校门口跟石川说了再见,才背着书包往公交站台走去。在路上的时候,他觉得总有什么人在跟着他,一回头又看不见。

难道,我遇到了什么坏人?

王文心里开始警惕起来,想到那些曾经见过的新闻报道,加快了脚步。上了公交车之后,在他后面有两个人也跟着上了车。其中一人叫他:"王文。"

他被吓了一跳,转头看去,惊讶地问:"爸、妈,你们怎么在这里?"

爸爸面沉如水,说:"我们还没问你,这究竟是怎么回事。"原来,是王文妈妈发现儿子撒谎,告诉了爸爸。两人一商量,就决定来学校一趟,看看究竟有什么事让王文瞒着父母。

回到家后,妈妈说:"说吧,你是不是撒谎了?"他们在学校外面等到放学的孩子们都走光后,王文才从学校里出来。

谎言被揭穿,王文的情绪突然变得激动起来:"我是撒谎了!但我不明白我做错了什么!"

一向听话的儿子突然反抗,妈妈不能接受这样的现实:"你都撒谎了,还没错?说!到底是谁教你的,是不是刚才那个孩子?"

"他只是我朋友!"王文的一张脸涨得通红,他不能容忍妈妈对他唯一的朋友的凭空污蔑。

"你居然为了一个外人跟我顶嘴?"妈妈十分生气。

长久的管束,和父母对自己的不信任,让王文彻底爆发了,他忽地一下站起来,走回到自己房间,大力甩上了房门。

"这……这孩子,什么时候变成这样了?"妈妈被气得浑身发抖。

父母和孩子之间爆发了这样剧烈的冲突,是我们所不愿意看见的，其症结究竟在何处？在这个案例中，王文和父母之间有三个潜伏的矛盾，只要这些矛盾仍然存在，这场冲突就不可避免。

一、父母严加管教和孩子渴望自由之间的矛盾

王文已经是上初中的大孩子了，自我意识从萌芽到觉醒。不管父母是出于怎样的原因，都不能按小学的教育方式来对待他。

像王文父母这样，给孩子制定详尽的作息表并要求他按照此执行，稍有不同之处就要向父母汇报举动，无异于给他打造了一座坚固的牢笼。与其说是为了孩子的安全，不如说是全方位的严密监视。

这种教育方式，会让孩子喘不过气。他们虽然还未成年，但也是独立自主的人，有自己的喜好、思想、观点，一直生活在这样的严密监控之下，总有一天会出问题。

二、父母认为交友无用和孩子渴望友情的矛盾

"交友无用"是王文父母根据自己的人生经历所得出来的结论，但他们不该将此强行安在孩子的头上，要求王文也根据他们的想法来做。

正在青春期的孩子需要朋友，他们的烦恼、遇到的挫折，需要有不同的倾诉渠道，朋友正是他们最重要的一个渠道。有些话，他们觉得不方便跟父母讲，那就需要有朋友来聆听，来分享。

王文渴望友情、珍视友情，这本身并没有过错。

三、孩子被迫用撒谎掩盖事实和父母认为孩子不听话的矛盾

基于以上两个矛盾的存在，才诞生了第三个矛盾。

父母不愿意让自己交朋友，那怎么办？那就不告诉父母。没能按时回到家，又怎么办？那就撒谎。这就是王文的逻辑，他当然知道撒谎不对，但对他来说，他想要继续和石川的友谊，就没有别的选择。

在父母看来，王文是因为和石川的来往才学会了撒谎，但根源却在于他们自己施加的压力，让孩子不敢说实话。

当王文撒谎的事实被父母揭穿后，王文压抑了许久的情绪终于爆发。而父母则认为，他们为孩子付出那么多，考虑得那样周全，孩子竟然不听话，严重地伤害了父母的感情。

解决父母和王文之间的矛盾，我们应该这样做：

第一步：认识到父母所秉承的教育观带来的危害

孩子不是任何人的附属品，作为父母我们必须尊重孩子、理解孩子，给予孩子成长的空间。

王文父母这样严密监控孩子的做法，在担忧王文不安全的现象中，还隐藏着父母超强的控制欲。他们必须知道孩子每一天都做了什么，甚至具体到每个时间段，孩子有没有按照他们所规定的作息来完成。

他们理所当然地认为，孩子必须处于自己的视线内进行严加管教，否则就会有变坏的危险。但实际上，他们并

没有将孩子和自己放在一个平等的位置，只是单方面地要求孩子必须听从，王文连选择的权利都没有。

那么，在这样严加管教下长大的孩子，就会成为父母所期盼成为的人吗？事实却截然相反，小时候被管得越严的孩子，成人后就会越没出息。

王文连作息都被父母制定，将来离开父母后，他能管理好自己的作息吗？并不是他不想，而是他从来就没有接受过这方面的训练，他做不到。古人说"一屋不扫，何以扫天下"，连自己的作息都无法管理的人，就算他的学习再怎么优秀，他的生活也必将是一片混乱。

第二步：学会信任孩子，平等沟通

在了解到自己的教育方式会对儿子的成长造成伤害后，王文爸爸沉默良久，说："孩子他妈，我觉得，我们应该换一种方法了。"

妈妈擦了擦眼泪，说："我没想过，居然是我们亲手把孩子逼成这个样子。"

要扭转一个固有的教育观念并非易事，我们可以从以下几个方面着手。

1. 改变过去的看法，将孩子作为一个独立的人格来对待

每一个孩子，都是独立的个体。他们不是父母的附属品，不是父母用来实现愿望的工具，更不是父母手底下控制的傀儡。

他们都拥有自己独一无二的思想，我们要做的是引导而非禁锢。强迫孩子顺从自己的要求，让孩子必须按照自己定下的规矩进行，是将孩子作为自己的"私有财产"，剥夺他们成长的快乐。

2. **用信任，弥补之前造成的伤害**

给孩子的伤害已经造成，幸好只要能发现，任何时候都不算晚。毋庸置疑，王文的父母是爱孩子的，他们所用的方式不正确，但爱孩子的心并未减少。

在爱的基础上，再加上信任，相信在自己放手的情况下，孩子也能规律作息、注意安全、认真学习、谨慎交友。

很多时候，并不是当孩子做到了，我们才相信孩子。而是我们相信了孩子，孩子才会做得更好。

3. **尊重孩子，平等沟通**

改掉自己替孩子做决定、做选择的习惯，将孩子作为一个平等的家庭成员来对待。

王文父母要一下子做到这一点并不容易，可以建立一个家庭会议制度，每周拿出一个相对固定的时间，来召开家庭会议。

在家庭会议上，所有的家庭成员都说一说在这一周里发生的事情。家庭发生的重大事件，个人一周的总结，遇到需要共同决策的大事时，可以采取投票表决的制度。还可以让家庭成员轮流做主持人来主持会议，鼓励每个成员都大胆发表看法，哪怕是看起来得不到赞同的观点，也可以说出来大家一起讨论。

需要记住的是,父母不要用自己的经验,来否定孩子不成熟的想法。我们可以先肯定孩子的奇思妙想,再加以建议。

每一次家庭会议的召开,都是一次平等对话的机会。长此以往,就能建立起平等沟通的家庭氛围。

第三步:让孩子享受到交友的快乐

孤独的人,注定是无法快乐的。当孩子收获了友情,就多了许多生活中的乐趣。和朋友的相处,能教会孩子学会分享、合作、互相帮助。

王文已经在学校里交到了一个兴趣相投的好朋友,作为父母,需要做的是对朋友的品性进行考察,并鼓励两人在学习上互相促进,在生活上互相帮助。

获得了父母认可的王文,终于不用再偷偷摸摸和石川做朋友。同时,他也答应父母,有事就在家庭会议上说出来,不再撒谎。

爸爸陪你去见网友

随着现代社会的发展，科学技术的不断升级，互联网的应用也变得越来越普及，在生活上带给了人们很多便利。只需要一部手机，我们就能在网上订票、信息搜索、协同办公、交友。

与此同时，也带给家长朋友们很多新的烦恼。

孩子在网上会接触到很多陌生人，甚至让他们有了想要见面的想法。而因为网友见面引发的纠纷、骗局，进而危害到生命安全的新闻屡见不鲜，这让父母十分担心孩子的安全。

如果你的孩子要去见网友，你该怎么做呢？让我们先来看一个案例。

刘康是一名 16 岁的高中生，他性格腼腆内向，学习认真刻苦。最近，家人发现他使用手机的频率多了起来，有时就连在吃饭的时候都还拿着手机看。问他的时候，他就解释说下了一个英语阅读软件，想在这学期里把英语成绩再提高一些。

妈妈检查了一下他的手机，发现确实如此。有时也看见他在使用聊天软件，以为是在跟同学聊天，也就没往心里去。

一学期过半时，刘康明显心事重重起来。在期中考试前几天，他鼓起勇气对父母提出要求："爸、妈，考完试后我想去郫都一趟，上午去，下午就回来。"

"去郫都？"妈妈十分惊讶，"去那里做什么？"他们一家人住在成都市区，郫都不属于主城区，搭乘公交要花上一个多小时。

"我约了人，一起去参观川菜博物馆。"

爸爸问："约了谁？是同学吗？"

刘康支支吾吾起来，犹豫了几分钟才说："不是，是我在网上认识的一个朋友。"

妈妈大惊："网友？不，不！不能去。谁知道那是个什么人，又约到那么远的地方。"

刘康懊恼地垂下头，他就知道妈妈不会同意。早知道，他就说是和同学一起去玩了。

"康康我跟你说啊，你不了解这个社会的复杂。见网友这种事，在我们家是一定一定不允许的！太危险了！"妈妈越想越害怕，强调说，"你别因为我们反对，就自己一个人偷偷去，妈妈这是为了你的安全着想，知道吗？"

爸爸示意妈妈别急，说："儿子，你先说说，是怎么认识他的，那个人是男是女，什么年纪，为什么要约着去参观川菜博物馆？"

"是这样的，我在网上发了一篇介绍川菜的英文翻译。他看见了在评论区给我留言，指出了几个语法错误。为了方便讨论，我们在聊天软件上加了好友。"

刘康喜欢吃，也喜欢研究川菜，这是爸爸妈妈都知道的事情。没想到，他还将这个兴趣爱好，用到了学习英语上。

爸爸想了想问："他是什么人，怎么会对川菜感兴趣？"

"他是个北方人，来成都念大学，很喜欢吃川菜。他说大学里成都的本地人也很少，又见我喜欢研究川菜，就约我去川菜博物馆参观。"刘康说完，看着爸爸说，"爸，你就让我去吧！我跟他真的很聊得来，再说我也能趁机了解一下大学生活。"

妈妈耐着性子听完，摇头说："不行，那都是他说的，谁知道他说的话是不是真的？"

早几年有句话叫作"你不知道坐在那头跟你聊天的是不是一条狗"，放在当下，也仍然适用。

你不知道你在网上认识的这个人,他的真实身份是什么,他是什么品性、多大年龄,这一切都来自他的一面之词,你只能假设他所说的这一切都是真实可信的。

妈妈的担心,并非空穴来风。

那么,面对这种情况,家长朋友们应该怎么做呢?

首先,我们要询问孩子,了解他们在网上接触时的基本情况。

1. 为什么要见面?
2. 你是否知道对方的真实姓名、年龄、身份?
3. 对方告诉你的信息,你查证过吗?可靠吗?
4. 你们之间是否有经济往来?
5. 你们约在哪里见面?白天还是晚上?公开场所还是私人住宅?
6. 对方是否要求你向父母、老师保密?
7. 你们认识多久了?
8. 请用一句话评价你的网友。

通过以上问题,我们可以从孩子口中了解到事件的大体轮廓,从而帮助判断这次见面的真实性与危险性。

就算掌握了这些资料,我们也不能掉以轻心。如果是对方有意设下骗局图谋不轨的话,就网上获取的这些信息,就算是家长也很难识破。

在跟网友见面的时候,请注意如下事项。

1. 见面地点选择在公众场合。

2．不要和网友进入私人住宅，不要上私家车。

3．见面时间避免在晚上。

4．不要一个人去见网友。

5．不要轻易相信对方的说辞。

6．对方提出去另外的地方时，不要答应。

7．只带少量足够用的现金。

8．始终保持警惕。

此外，在孩子想见网友这件事上，我们还需要做到：

一、了解孩子的动机

作为父母，需要了解是什么原因，让孩子有了想见网友的这个需求呢？我们将这些情况进行了归纳总结。

1．遇到了志同道合的朋友。

2．因为学业压力太大，想要找一个朋友倾诉。

3．遇到了重大的挫折，不愿意告诉生活中认识的父母亲朋。

4．好奇心。

5．不被理解的孤独。

6．不能说出口的秘密，比如早恋。

7．在学校被霸凌。

8．对方给出的承诺。

在这个现象背后，是孩子实际上的心理需求。父母可以根据具体情况，进行具体分析，及时满足、疏导孩子。

二、不能简单粗暴地一刀切

见网友有风险,是源自彼此的不了解。这可能是一个骗局,但也可能对方就是一个真实的人。如果拒绝孩子的请求,甚至采取没收手机等方式,不但伤害孩子的感情,还有可能让孩子和父母之间产生隔阂。

让我们来看看,刘康爸爸是怎么做的。

"儿子,你问问他,我陪你去怎么样?我这个本地人都还没去过川菜博物馆,正好也想要见识一下。"

刘康答应了,第二天他兴奋地告诉爸爸:"他很高兴地答应了!爸爸,我们一块儿去吧!"

妈妈无奈地看着两父子,说:"他爸,就你纵着孩子吧。"

爸爸笑着说:"儿子长大了,这也是一个新的交友方式嘛!跟着儿子,我们也能与时俱进对不?"

刘康没想到,这件事能获得爸爸的认可,对之前自己想过要撒谎的念头感到羞愧。他在心里暗暗下定了决心,以后不管遇到什么事,他都不会对父母撒谎。

"爸爸,谢谢您。"

期中考试之后,父子两人就按约定的时间,乘车来到了川菜博物馆,见到了刘康的网友。他的长相,跟他发给刘康的照片一模一样,是一个有些偏瘦的大学男生。

这一天,刘康一改往日腼腆的性格,和他一边参观博物馆,一边聊关于川菜的各种话题、心得,还就英语上遇到的难题进行请教。

爸爸第一次见到这样健谈的儿子,满脸都是欣慰的笑容,庆幸自己做了一个正确的决定。

第六章

不逃避，寻求解决之道

父母和孩子的冲突，可大体归纳为三个原因。

1.两代人成长环境不同造成思想冲突。2.父母的期望与孩子现状存在落差，带来冲突。3.父母不了解孩子的真实需求，因误会而产生冲突。

和其他冲突不同的是，在这里冲突的双方都能意识到彼此的爱意，但并不能因为爱对方而顺从对方，反而因为同在一个屋檐下而摩擦不断。

妈妈，我是你捡来的吗？

　　路路10岁了，他获得一套画笔作为生日礼物。他十分宝贝这套画笔，只在参加重要比赛的时候才拿出来用，然后就精心清洗后收好。

　　过年的时候，家里来了很多亲戚。路路在自己回到房间时发现，里面的东西都被翻得乱七八糟，尤其是自己那套画笔不知道被谁拿出来，东一支西一支扔得到处都是，还有两支笔的笔刷都秃了。

　　这是谁干的！

　　路路气得眼泪都掉了下来，一边收拾一边抹泪。他每次画完都会把画笔清洗干净，然后用布包好，才能让毛刷不容易损耗。看见自己精心呵护的宝贝被这样对待，他伤心极了。

过了一会儿,妈妈敲了敲房门,说:"路路啊,你表弟要一支你的画笔玩。"

"不给!"路路生气地站起来,手里握着画笔对妈妈身边的那个小男孩发火,"说,是不是你玩了我的画笔?"

小男孩被吓了一跳,哇的一声就哭了起来。

"乖,别哭啊。"妈妈安抚着表弟,不满地瞪了一眼路路,说,"都多大个人了,还跟表弟计较。他就玩会儿你的画笔怎么了?表弟是客人,又比你小,你就该让着他。"

"妈!您也不看看,这笔被他玩成什么样子了!"路路取出那两支秃掉的画笔指给妈妈看,"您看,这样我都没法画画了。"

"你又不是天天画,给表弟玩一下怎么了?"妈妈不以为意,说,"既然这两支都坏了,正好拿给表弟玩。"

听见妈妈的话,路路大吼一声:"不!"表弟更加哭叫不休。

这里发生的争执被客厅的人听见,大姨和表弟的妈妈赶了过来,大姨说:"孩子不愿意,就算了嘛。"

"对对对,算了算了。"表弟妈妈将小男孩牵过去哄着说,"别哭了,回家了妈妈给你买,你爱怎么玩就怎么玩。"

路路妈妈不满地瞪了路路一眼,说:"路路,你怎么这么小气?快给表弟。"

路路擦了一把眼泪,伤心地说:"妈妈,我是你捡来的吗？"要不然，怎么非要逼着自己把画笔给表弟呢？表弟他没有经过同意，弄坏了自己的画笔，没有被批评过一句。

当听他问出这句话时，三个大人一阵愕然，随即哄堂大笑起来。大姨说："路路，你说什么呢，你怎么可能是捡来的？"

这件事，在成人看起来是一件小得不能再小的小事，小孩子抢东西，没什么大不了。或许，第二天大家就会忘记这件事，或许还会成为亲戚间用来笑话路路的谈资。

但从根本上，并没有解决掉这个冲突，路路问出"妈妈，我是你捡来的吗"这句话时，他幼小的心灵已经受到了伤害。

在这件事中，路路妈妈从头到尾都犯了无视儿子心理诉求的过错。

一、妈妈不了解这套画笔对孩子的重要性

这套画笔，对路路来说，既是他参加重大比赛的工具，也是宝贵的生日礼物。他珍视这套画笔，并且在上面倾注了感情。成人可以不理解这份孩子的单纯，但至少不能伤害这份纯真的情感。

作为父母，必须知道孩子的喜好。假如妈妈并不知道这套画笔对路路的重要性，或许是就算知道也不以为然，那妈妈无疑是失职的。

让我们换位思考一下，如果是你很珍惜的一本书，却被另外一个人毫不在意地浸了水，对方还丝毫没有道歉的意思,并要求你把书再给他玩。那么,你会不会感到生气、伤心、愤怒?这样的情绪,是作为人的正常反应,不分成人或孩子。

二、妈妈要求路路让着表弟

在妈妈的心里,要求路路让着表弟的理由有两个:一是他是客人,作为主人要好好招待;二是表弟比路路年纪小,就应该让着。

先来说客人,古有"恶客"的说法,像表弟这样没有经过路路同意,擅自进入路路的房间并取出里面物品胡乱玩耍的行为,可称得上恶客。是的,他年纪小不懂事,那更需要被教导,让他认识到这件事本身的错误,下次才能做一个好的客人。

其次是年纪。谦让是中华民族的传统美德,但并不是以年纪大小作为判断标准,而是要明辨是非。孔融让梨的故事流传至今,正是教导人们凡事应该懂得遵守公序良俗,而不是强调弟弟要让着哥哥。

三、亲戚说"算了"的态度,等于变相认为是路路的过错

让我们回想一下,我们会在什么时候使用"算了"这个词?在劝架的时候:"算了算了,一人少说两句。"在认为自己有理却吵不过对方的时候:"算了算了,我惹不起你。"在息事宁人的时候:"算了,又不是什么大事。"

这件事,是表弟弄坏了路路的画笔在先,但因为他的

年纪和哭闹,让大人们选择性地无视,反而要求路路来满足表弟的无理要求。最后采用"算了"这个态度,与其说不强迫路路交出画笔,不如说是"我们不追究了"的态度。

四、孩子伤心质问时,换来的却是成人的取笑

路路无法理解妈妈的行为,更想不通他错在哪里。他只看见妈妈一直在替表弟说话,在心里觉得妈妈爱的是表弟而不是自己,所以才会问出"妈妈,我是你捡来的吗?"这句话。然而他没有等来妈妈的安慰,反而是成人的哄堂大笑。

这种行为,十分不利于孩子的成长,甚至会在他的心里埋下"妈妈不爱我"的种子,让他的整个童年都在这种不安全感中度过。这并非危言耸听,孩子的敏感细腻,远超大人的想象。

我们应该怎么做?

第一步:安抚孩子的情绪,告诉他妈妈懂得你的难过

妈妈发现路路的伤心后,应该第一时间处理他的情绪,陪伴他,理解他。让孩子明白,他并非孤身一人,而是有妈妈的温暖怀抱,帮助他度过这份心爱之物被毁坏的难过。

我们常常要求男孩"不要哭",但在这种情况之下,对孩子来说哭是情绪的有效发泄方式。难过的情绪通过哭泣被宣泄后,孩子就能平静下来。

第二步:让表弟给孩子道歉,并承担责任

表弟年纪小,不懂得到别人家中做客的道理,也不知道未经主人同意不能随意进出房间，取用物品的规矩。

让表弟道歉，是双赢的行为。路路能获得本应该拥有的尊重，表弟能通过这件事学会如何做客，在这样的点滴教导中成为一个懂礼貌的好孩子。

值得注意的是，跟"道歉"相对应的，要让孩子承担相应的责任，他们才会有"这件事我做错了"的真实感受。除了一句"对不起"，表弟还需要承担起赔偿的后果。赔偿的方式多样，可以从他的压岁钱里扣除，也可以让妈妈替他赔偿后减少他一小时的游戏时间，等等。只有这样，表弟才会学会承担责任，长大后成为有担当的男人。

第三步：让孩子明白表弟并非故意捣乱，原谅表弟

做到了以上两步，路路已经获得了公平对待。在这个时候，妈妈就要教导他懂得宽容，原谅表弟无意间犯下的过错。

宽容，是一个人的良好美德。一个从小被教导宽容的孩子，他将拥有更大的格局与心胸，能帮助他在未来的道路上走得更加顺畅。

"熊孩子"诞生记

星期天,爸爸妈妈带着6岁的儿子大虎一块儿出门,去看一部他期待已久的动画电影。

到了电影院,大虎吵着要喝可乐,妈妈说:"喝可乐对牙齿不好,再说你昨天不是才喝过吗?"大虎噘起了嘴,站在卖可乐的柜台前就不走。爸爸看了一眼电影票,说:"快开场了,就给他买一杯。"大虎捧着可乐杯子高兴极了。

看完电影出来,大虎指着电影里动画人物做成的玩偶说:"爸爸,给我买这个!"爸爸说:"家里不是已经有很多玩偶了吗?""不一样嘛,这个不一样。"妈妈见状训斥说:"一出门就要这个要那个,不能惯着这个性子。"大虎的眼泪一下就掉了下来,"这个真的不一样,给我买嘛。"最后爸爸还是给他买了玩偶。

时间还早,一家三口顺便去超市买点生活用品。可是一进入超市,大虎就朝着玩具区奔去:"爸爸,我要那个小汽车!"妈妈指着他手里抱着的玩偶说:"你看看你,刚刚才买了一个,现在又要买玩具,怎么这么不听话!都是你爸给惯出来的性子!再这样,下次就不带你看电影了。"

大虎一听,哇一声就大哭起来,一边哭一边说:"坏妈妈坏妈妈!我就要这个!"妈妈很生气,伸手拽着大虎的胳膊,想要让他离开玩具区:"不买!我说不买就不买!"大虎挣脱妈妈的手,倒在地上打滚撒泼。

超市人来人往,大虎的行为招来不少陌生人的目光。在他们的眼里,无疑都在说着"熊孩子"三个字。一个奶奶牵着一个黄衣小女孩的手,悄悄告诉孙女说:"你看,这个小哥哥不乖,我们不能学他。"黄衣小女孩脆生生地说:"嗯!我们不学他!"

感受到周围的动静,大虎妈妈觉得丢人极了,干脆一甩手离开了。

没有人喜欢熊孩子,也没有家长认为自己的孩子是熊孩子。对大虎妈妈来说,这个局面是她不愿意看见的。她也不明白,明明是一家人开开心心出来看电影,为什么会一步一步变成这样失控的局面。

在大虎妈妈看来,会发生这样的事,都来自爸爸对孩子的一次次纵容。爸爸的教育方式确实不对，但妈妈除了训斥之外，并没有做出有效的处理。

让我们一起来看看，在这件事中，冲突是怎么一次又一次升级，最后变成不可收拾的局面的。

一、夫妻双方教育理念的不一致，让孩子有机可乘

在家庭教育中，无论家人的教育观念是否一致，在孩子面前都不能将这种分歧表现出来。有两种办法可以解决这个争端。

1. 在家中，确定一位成员作为教育的主导者，在条件允许的情况下，应该是爸爸或者妈妈。一旦确定之后，关于孩子的教育问题以教育主导者的意见为主。在教育问题上，其他家庭成员的不同观点应该在私底下与主导者进行沟通，统一口径。

2. 家长意见的分歧，无论大小，都不能在孩子面前表现出来。像大虎妈妈说不买，爸爸妥协购买这样的事情，只会让孩子无所适从。我们不要觉得孩子不懂，其实他们的感觉十分敏锐。父母一方坚持一方妥协，让他觉得只要自己哭闹一下，就能达到目的。

因此，在孩子面前，我们要保持意见一致。如果产生了重大的分歧，建议先协商好再告诉孩子。在日常小事上达成默契，由一人做主一人配合。

二、妥协式教育让孩子用哭闹来试探父母的底线

在这个案例中我们可以看见，大虎爸爸执行的是典型的妥协式教育。在这里，并非说妥协不对，很多时候我们适当地妥协，不仅能化解当下的冲突还能缓和彼此的矛盾。

但是在这里，爸爸没有原则的妥协，只会纵容孩子的要求一次比一次过分。因为孩子并不知道父母的底线在哪里，于是他就用哭闹来要求。第一次买可乐，爸爸答应了，于是就有了第二次买玩偶的要求，最终有了在超市的一幕。

三、孩子心中缺乏规则意识，只懂得索取

孩子天真单纯，对万事万物都充满好奇，看到喜欢的东西想要据为己有，这是他们的天性。假如不加约束，他们就不知道什么是适可而止，养成"要什么就要有什么的"坏习惯。

作为父母，我们有帮助孩子建立规则意识的责任。不只是为了能够在家庭教育中和孩子顺畅沟通，也是为了让孩子明白在公众场合该怎样约束自己，如何做到公众礼仪。只有这样，孩子才不会变成人们口中的"熊孩子"。

那么，当我们面对孩子一次又一次的要求时，该怎样做才能避免这样的局面呢？

第一步：防患于未然，培养孩子的规则意识

我们不能等到孩子提出要求时，再来设法应对。

首先，我们要确立良好的教育观。每个家庭，对孩子未来的期望不尽相同。我们想要将孩子培养成什么样的人？期望他具有怎样的品质？这些问题听起来很抽象，却是在孩子尚未诞生前，我们就需要进行预设。

父母的期望，决定着对孩子的养育方式，也常常在潜移默化中，影响着孩子未来人生的方向。

规则意识，应从孩子懂事起，就要开始点滴培养。在家要懂得尊老爱幼，尊重长辈的劳动成果；出门在外，和小朋友玩耍时要遵守游戏规则；在公众场合要遵守公共秩序。只有这样，在孩子长大后才会成为一个遵守校规、遵守法律、遵守社会公德的人。

第二步：让孩子明白，在日常生活中他需要遵守哪些规则

这些规则，应从小建立。

什么是"小"？在孩子年纪幼小时做起，从小事做起。

"小"到什么程度？在孩子刚会说话的时候，就要告诉他见到长辈要有礼貌。在他懂事后，就要让他做到饭前洗手。在第一次带他去图书馆前，就要跟他讲在安静的环境中要轻言细语。

这些都是很小的细节，且需要家长保持耐心，一遍又一遍地强调。不要觉得我说过一次，孩子以后就能自动遵守。更不能因为嫌麻烦，而懒得去纠正孩子的错误行为。好习惯养成不易，但一旦在孩子的心里生根发芽，我们就能在将来有所收获。

可能有的家长朋友们会问,遵守规则,是否就磨灭了孩子的天性?当然不会。

卢梭在《社会契约论》中说:"人是生而自由的,却无往不在枷锁之中。自以为是其他一切的主人的人,反而比其他一切更是奴隶。"

孩子所拥有的自由在于:我们发现孩子的兴趣爱好,并尊重孩子的理想,不将成人的意志强加于他们的头上。教导他们懂得契约精神,并遵守规则,他们才能获得更宝贵的自由。

第三步:运用教育智慧,化危机于无形

孩子不懂得父母的底线,于是用哭闹来反复试探。这次如此,下次仍然如此,长期下去会形成一个恶性循环。

既然如此,我们就应该提前告诉孩子,我们希望他能做到的模样。孩子天生就朝着阳光生长,他们渴望父母的表扬与认同。他们并非不愿意去做,很多时候是不懂得如何去做。

在出门前,大虎妈妈提前和孩子沟通:"大虎,我们今天一起去看你盼了好久的动画电影,高不高兴呀?"

能去看自己喜欢的电影,大虎当然高兴了。

"那你要答应妈妈,在看电影的时候要保持安静,而且没有经过妈妈的允许,不能要东西,可以做到吗?"

大虎有些犹豫:"那我要是看见很喜欢的东西呢?"

"那就只能买一样,宝贝能做到吗?"

大虎高兴地点点头,脆生生地答应:"能做到!"

"好,我们拉钩,谁骗人就罚一个月不能喝可乐!"妈妈伸出了手,大虎高兴地和妈妈拉钩保证。

有了这样的约定在先,大虎想买东西的时候,只要妈妈提醒,他就能明白自己的要求不对,更不会无理取闹倒地撒泼。

我爱干什么干什么,你管不着!

"你怎么这么自私?!"李洋的妈妈看着自己儿子,十分生气。李洋闷不作声,转身就走,大力地甩上房门,发出嘭的一声闷响。

"你看看他,都多大的人了,还跟妹妹抢电视看。"李洋妈妈一边把哇哇大哭的女儿抱起来安抚,一边跟李洋爸爸抱怨着。

"这孩子,也不知道像谁。"李洋爸爸皱着眉头,回忆着说,"他原来上小学时还不这样,多有礼貌的一个孩子,上课认真,作业也从来不让我们操心。这才过几年,怎么就跟换了个人似的,总是跟妹妹抢东西。"

女儿哭闹得很厉害,李洋妈妈心浮气躁地数落着李洋:

"他就是自私!就想着我们不管妹妹,都只管他才好。这可是他的亲妹妹,小时候还喜欢得很,越长大越不乖了。"

"自私!"

这两个字像针一样,扎着李洋的心,哪怕是他捂着耳朵,也能想象出妈妈的语气和神态。他再也忍不下去,像炮弹一样冲出门,逃离这个家。

儿子这种行为已经不是第一次,李洋妈妈并没有放在心上。好不容易将女儿哄睡着,做好了晚饭,才发现李洋还没有回来。打遍了所有电话都没找到他,李洋妈妈这才慌了手脚。直至深夜才在一间电子游戏室里找到他。

"你什么时候变成这个样子?!"妈妈不能接受乖巧懂事的儿子,竟然做出这样的事情。"自私,不做作业,成天只想着玩!"

李洋眼睛通红地低着头,一句话也不说。

"你说说,你错了没有?"

"我没错!"李洋抬头,很大声地说,"你不是说我自私吗?那我爱干什么就干什么,你管不着我!"

妈妈惊呆了,这还是自己的儿子吗?

过了几天,李洋的班主任给妈妈打电话,告诉她李洋逃学去打游戏,妈妈赶紧到了学校。

李洋坐在老师办公室里,垂头丧气。妈妈一进门,先狠狠地批评了他一通,忙跟老师道歉:"老师,您说我该怎么办?"

该怎么办？

李洋妈妈遇到的问题，不只她一个人遇到过。

小时候明明乖巧懂事的儿子，进入青春期后就像变了一个人。跟父母顶嘴，任性、冲动，打骂也不管用，简直拿他没办法。

但，这只是表面现象。

那么，在这背后的原因究竟是什么呢？

李洋这个例子，绝非个例。随着二胎政策的开放，很多父母都想再要一个孩子。一来想着两个孩子能做伴，长大后也能互相扶持；二来家里多一个孩子，也多一分希望。

李洋是儿子，父母就想再要一个女儿。幸运的是，他们的梦想成真了，新生命的到来让这个家庭充满了喜悦。

然而没过几年，这份喜悦就慢慢变成了烦恼。儿子越长越大，却越来越不听话。小时候耐心地教妹妹学走路，现在连看都不看一眼，还总是跟妹妹争电视，抢座位，惹得妹妹大哭。刚开始父母跟他讲道理他还能听得进去，越到后来越油盐不进。

班主任老师让李洋回到教室，请李洋妈妈留下来，温言细语说："你别急。"

李洋妈妈叹了口气，她怎么能不急？初中正是学习的关键时期，儿子偏偏在这时候出了岔子，她就担心影响了他的成绩。

"我跟孩子谈了心，你知道，那天他为什么会跟妹妹抢电视吗?"

"还能为什么,他就是自私惯了,想干什么就干什么!"想起那天的情形,李洋妈妈仍然气愤不已。

老师摇摇头:"他在学校参加了市电视台举办的故事之星比赛,拿到了三等奖。那天,正是比赛播出的时间。"

什么?

李洋妈妈十分震惊:"这件事,他怎么从来没有告诉过我?"

"你们问过吗?"老师说,"是不是家里有了二宝,对李洋的关心就少了很多。除了成绩,很多事情就都不过问了?"

李洋妈妈仔细想了想,羞愧地说:"被老师说对了。我们想着李洋都那么大了,妹妹还小更需要照顾。"

老师正色说:"照顾二宝耗费精力,但也不能因此而忽略了另一个孩子,更不能给他贴上自私的标签。李洋正处在叛逆期,在心理上更需要父母的关爱。斥责他,只会将他越推越远。"

那么,李洋妈妈该怎么做?

第一步:平衡两个孩子之间的爱

有两个孩子的家庭,是幸福的,同时又有着甜蜜的烦恼。操心大宝的学习,照顾二宝的身体,常常会让父母身心俱疲,以至于疏忽了孩子的感受。

父母要认真地告诉两个孩子:我爱你们一样多。但妈妈、爸爸不是超人,没有做好的地方请你提出来,我们会改正。

在两个孩子之间取得平衡的几个小技巧。

1. **不要当着一个孩子,打骂另外一个孩子**

和年龄无关,当一个孩子被父母打骂时,另外一个总看在眼里。父母以为他们年纪还小什么都不懂,其实他们都记在心里。

被打的孩子会想:为什么妈妈惩罚我而不是他?

没有被打的那个孩子会想:都说"打是亲骂是爱",妈妈对他要求严格是因为爱他,所以妈妈不爱我。

孩子的想法千奇百怪,成人不知道这样的行为会对他们的心理造成什么影响。最好的办法,就是尽量避免这样的行为。

2. **两个孩子起争执时,大人不要插手**

孩子的事情,让他们自己解决。也许,他们争的并不是一样东西,而是来自父母的关爱。一旦父母进行干预当了裁判,那必然会有另一个孩子不服气,甚至委屈。

不用担心二宝因此会受欺负,当父母旁观时,事情解决起来反而更单纯。我们要做的是,安抚两人的情绪,告诉他们父母对他们的爱一样多。

3. **不要拿两个孩子做对比**

两个孩子,因为年龄、性格各不相同,一定各有优缺点。就像世界上没有两片一模一样的叶子,也不会有两个一模一样的人。

父母需要一双发现孩子优点的眼睛,而不是拿两个孩子做对比。哥哥数学好,妹妹英语好,不正可以互相学习吗?哥哥擅长绘画,妹妹对音乐感兴趣,那就鼓励他们发展各自的爱好,在他们自己的领域获得成绩。

比较,只会伤了孩子的心。

4. 不要告诉老大,你应该让着二宝

"你是哥哥,就该让着妹妹。"在成人看来十分正常的一句话,却会引起孩子的反感。

孩子会想:凭什么我年龄大,就该我让着?一定是妈妈你不爱我,更爱妹妹,才这样说。

公平,在孩子的世界里十分重要。他们还不能认同"大的要让着小的"这个观点,这句话只会让他们产生强烈的不安全感,以及逆反心理。

第二步:撕掉标签,发现造成孩子叛逆的原因

贴标签很容易,甚至不是我们的初衷。李洋妈妈在指责儿子"自私"的时候,并没有想到这是给儿子贴上了标签,更没有想到事情越来越糟糕。到了后来,又给他贴上"不爱学习"的标签。

李洋离开家,逃学打游戏,最核心的原因是想抢回父母放在妹妹身上的关爱。

他获得了"故事之星"的三等奖,并能在市电视台播出比赛过程,于他而言是多么骄傲的一件事情。他想让父母知道,他也是他们值得骄傲的儿子。

可是妹妹因为他换了电视频道而哭闹,随之而来的是妈妈对他的责骂。这份不理解,对处于叛逆期,渴望他人认同的李洋来说,无疑是一份重大的打击,在心里产生了"反正我做什么都不对"的想法。他找不到发泄的出口,只好自暴自弃,用打游戏来麻痹自己,逃避现实。

第三步:给孩子渴望的关爱,积极引导

"我知道怎么做了。"李洋妈妈给老师道了谢,请了一天假带李洋来到公园。妈妈放慢了脚步,等着后面走得拖拖拉拉的李洋。

"在你小的时候,我经常带你来这个公园玩。"妈妈看着面前的景色感慨,"后来有了你妹妹,就很少单独和你来了。"

李洋没有说话,脚尖踢着小石头,想着待会儿不知道还会怎么被教训。没想到,他听见妈妈说:"今天,妈妈要跟你道歉,因为妹妹的出生,陪伴你的时间越来越少。是妈妈的错,你能原谅妈妈吗?"

看着妈妈的眼睛,李洋的眼睛一下便湿润了,心头那些受过的委屈一下子全涌了上来。他倔强地仰起头,不想让眼泪掉下来。

等着他的,是妈妈温暖的怀抱:"你还是个孩子呢,想哭就哭吧。老师说你拿了故事之星的三等奖,这是多不容易的一件事情,妈妈为你感到骄傲!家里的电视有回看功能，我们晚上一起看，让妹妹看看哥哥有多厉害。"

"妈妈你不说我自私了?"

"自私的是我才对。我因为照顾妹妹而忽视了你的感受，还希望你乖乖听话不惹麻烦。这种想法，才是真正的自私。"

"不！妈妈你不自私。"李洋急切地说，"妈妈你为了照顾我们，放弃了原先的工作，怎么能说你自私呢?"

"好。我不自私，你也不自私。"妈妈替儿子擦去眼泪，说，"你和妹妹都是我的宝贝，我对你们的爱一样多。如果我做错了，请你告诉我。"

妈妈，求求你理我一下

"小松妈妈你好，请你赶紧来学校一趟。小松在学校和两个其他班的同学打架，他没事，用凳子把一名同学的头砸破了。"

等小松妈妈赶到学校时，受伤的同学已经被送去医院。班主任刘老师神色严肃地跟小松妈妈说："这个学期，已经不是第一次了，这次最严重！这样的事情再发生一次，我们就必须让小松退学。"

"还请刘老师再给我们一次机会，绝不会有下次了。"小松妈妈连忙道歉。

"你们上次也是这样说的。"刘老师说，"这里是学校，就算我不追究，对方家长也会追究责任。"小松妈妈当然也明白这个道理,想要减轻对儿子的处罚,对方家长的态度很重要。

从学校出来后,她急急忙忙地去买了水果等礼品,带着小松去医院探望受伤的同学。同学的头被缝了三针,还要留院观察两天,幸好伤处在头发里面,留了疤也看不出来。小松妈妈替对方付了医药费,又好话说尽,对方家长才勉强同意不再追究小松的责任。

处理完这一切回到家中,小松妈妈早已疲惫不堪。从头到尾,她没有跟小松说一个字。小松一直跟在她身后,她连看都没有看他一眼。

"妈妈,我知道错了。"小松眼里含着泪水,低声跟妈妈认错。妈妈偏过头去,专心地摘着手里的菜叶。

"妈妈,我再也不敢了。"妈妈还是没有搭理他。

小松的表情逐渐变得惶恐不安,可无论他怎么哀求,妈妈都没有跟他说半个字。妈妈照常做饭,照常将热气腾腾的饭菜端上桌,家里的气氛却像冬天一样冰冷。小松食不知味地吃着饭,一边偷看着妈妈的表情,可是直到吃完饭妈妈的神情也没有缓和,就连小松主动收拾碗筷去洗碗,妈妈也没有跟他说一句话,回到卧室关上了门。

这样的场景,想必大家都不陌生,甚至在教育孩子的过程中自己也使用过。孩子犯了错,父母生气伤心,又不想打骂孩子,于是就采用了这样冷处理的方法。

而这个方法,在很多时候还被家长所推崇:看,这样一来，我不用动武，孩子就知道错了。不用我说他也会深刻反省，效果很好，还避免了直接冲突。

可是必须指出的是，家长以为的"冷处理"，对孩子来说其实是"冷暴力"。避免冲突的方法有很多种，冷暴力是最不应该采取的一种，尤其是对身心正在发育中的孩子。体罚带给孩子的是身体上的伤害，而冷暴力带给孩子心灵的伤害更为深远，甚至会造成孩子性格的缺陷。

但我们往往在家庭教育中，并没有察觉自己正在使用冷暴力。

让我们一起来认识，哪些行为属于冷暴力？

一、孩子叫自己时不理睬

家长们想必都有过这样的经历，孩子在刚学会说话时，喜欢叠声地叫爸爸妈妈，高兴起来会叫上好多声，要求父母回应。孩子慢慢长大后，这样的行为会变少，但在上小学的孩子身上还能经常看见。

孩子甜甜地叫上一声妈妈，妈妈再甜甜地答应一声，这是多么美好而温馨的场景。然而当孩子总是重复叫的时候，家长就难免开始不耐烦，也失去了回答的兴致，以为只要自己不理睬，过一会儿孩子就会不再来烦自己。

的确，孩子很容易就被别的事情转移注意力。但家长不理睬的行为，却是冷暴力的一种。

你或许不以为意，或许会问就这么点小事，也能称得上冷暴力吗？答案是肯定的，这就是冷暴力，会让孩子感到自己被抛弃、被孤立。

二、因为生气而故意对孩子冷淡

就像这个案例中一样,孩子犯了错,家长故意不予理会,用冷漠的态度对待孩子,以为这样就能让孩子对自己犯下的过错进行深刻反省。

其实不然,孩子在犯错后最需要的是接受因此而带来的惩罚和在错误中吸取到的教训。家长施加的冷暴力,只会将孩子的注意力从错误本身转移到家长的态度上来。

因为自己犯错,所以父母不理睬自己,这样的因果逻辑尚未在孩子这里建立起来。被刻意冷淡带来的沮丧不安,占据了孩子的心,让他无暇分心去关注他所犯下的错。

三、正在忙碌的时候,没工夫理孩子

"没看见我正在忙吗?一边去!"或者是"这会儿没空理你,别来烦我。"我们用这样的语言语气,将原本兴高采烈想要来分享的孩子,从我们身边撵走。

对孩子来说,父母是最值得他们信任的人。他们还没有成长到可以看出父母正在忙碌的年纪,他只知道他在幼儿园里被老师表扬了,兴冲冲地回来告诉父母。或者是玩具被弟弟抢走了,一脸委屈地来寻求妈妈的安慰。

四、觉得孩子说的事情太幼稚,无视孩子

发现一朵美丽的花,寻找到长了四片叶子的草,对孩子来说都是一件值得开心很久的事情。对他来说,这些就是当下最重要的事,而他想要将这件事告诉给自己最重要的人，父母通常成为他们的第一选择。

在成人的世界里，这当然不是什么大事，倘若采取了敷衍了事的态度，就会让孩子产生挫败感。

五、陪伴孩子的时候，只顾低头玩手机

近几年我们常常会听见各大教育机构都在提倡"高质量陪伴"。与之对应的，正是社会上普遍存在的低质量陪伴孩子现象。更极端的，则是在社会新闻中看见的，因为父母玩手机而忽略了几米外的孩子，导致孩子失去生命的惨痛消息。

手机已经成为人们生活中不可缺少的工具，而手机也不仅仅被用来休闲娱乐，还能帮助人们办公。但不可忽视的是，手机已经占据了我们越来越多的时间和注意力，成为父母和孩子之间的障碍。

冷暴力带来的四大危害：

一、孩子缺乏安全感

遭受冷暴力的孩子，会严重缺乏安全感。家，原本应该是最温暖的港湾，是孩子坚实的后盾，却因为冷暴力而成为冰冷的存在。

在这样的环境中，孩子会感到自己孤立无援，从而变得内向，不敢和人交流，甚至会表露出暴力倾向。

二、亲子关系变得疏远、脆弱

用冷暴力解决问题，只会将亲子关系推向冷漠。在孩子儿时父母这样对待孩子，孩子长大后也不知道该如何与父母亲近。冷暴力，让双方丧失了沟通的可能性，让亲子关系变得极其脆弱，因为孩子不知道该怎样才能让父母高兴，疏远是他们最后的选择。

三、容易让孩子自卑

在冷暴力之下，孩子很容易产生"我很差劲，没人会爱我"的念头，将一切过错都归咎于自己。容易使孩子产生孤僻的性格，失去应有的活力，最终导致孩子不能健康地发展，成人后也无法适应外面的世界。

四、给孩子埋下伴随一生的心理隐患

肉体上的创伤可以愈合，心灵上的创伤却不容易愈合。长期使用冷暴力，给孩子带来的是不可修复的心理伤害，陪伴他终身的童年阴影，对孩子的人际交往会产生轻重不一的影响。

严重的，会造成孩子心理疾病，患上自闭症、抑郁症，甚至导致自杀。

我们不能体罚孩子，也不能对孩子使用冷暴力。

那么，当孩子犯错的时候，我们应该怎么做呢？

第一步：照顾孩子的情绪，及时回应，全心陪伴

在日常生活中，我们应该对孩子的情绪进行积极回应。当孩子来找我们的时候，不管我们手头正在忙碌什么样的事情，或者孩子犯了什么错，都不要冷淡孩子。让我们一起来学习下面四句话，并将它用在实际的场景中。

1."爸爸正在忙，过几分钟再来找你，可以吗？"

2. "宝贝,能不能稍微等我几分钟?"

3. "你犯的错让妈妈很伤心,我需要安静一下。十分钟后我们再谈,希望在这个时间里,你能明白自己做错了什么。"

4. "我想我明白你的意思,但我需要时间来冷静。"

除此之外,我们应当像对待工作一样,认真地对待养育孩子这件事。每天花一小时,不忙工作不看手机,全心地陪伴着孩子,满足他的情感需求。

第二步:正视矛盾,保持沟通

俗话说"逃避解决不了任何问题",冷暴力看起来好像是有助于和缓事态,但实际上只是替生活埋下一颗不知道何时会爆炸的炸弹。

与其用冷落、漠视的态度让孩子内心惶恐不安,不如通过语言,让孩子明白他的错误。使用暴力,是无能者最后的手段。

第三步:让孩子承担错误的后果,通过正面教育让他吸取教训

小松妈妈替孩子道歉,补偿医药费,承受对方的怒气。她承担了作为母亲的责任,替孩子闯下的祸善后。但对小松来说,却并没有因此而承担错误的后果。

妈妈替小松所做的一切,转化成冷暴力施加到小松身上,这除了给孩子带来心理伤害之以外,并没有任何好处。这样的处理方式,也正是小松屡教不改的根本源头。

正确的方法，应该是教育小松认识到打同学的错误行为，让他自己去向老师同学认错，用他自己的压岁钱零花钱替同学支付医药费，妈妈只是一个全程陪伴并支持的角色。

这样处理，小松才会对动手打人的后果产生直观的认识，从而吸取经验教训。在下一次冲动时，这份经验会让他保持克制，不再犯相同的错误。

我不同意你去外地念书

随着一年一度的高考落下帷幕,熊伟的家里一片欢腾。熊伟的成绩在高中时并不算拔尖,却在考试时超常发挥过了一本的分数线,这让他多了很多原来没有想过的选择。

但是这份高兴没有持续多久,一家人就因为填报志愿而陷入争执之中。熊伟想要去外省的大学,妈妈则想要他留在本地。

"你去那么远的地方,就只有放寒暑假的时候才能回家。要是生病了怎么办,遇到自己解决不了的事情又该怎么办?"

熊伟无奈:"妈,我都这么大了,已经成年了。遇到什么事情,我会直接想办法解决的。"

"你是成年了,但从来没有一个人去过那么远的地方,还要独自生活。想办法解决?我就怕你自己想办法不告诉家里,然后被人骗。"

"那我有什么事就打电话回来。"

"打电话有什么用?那么远,我们就算马上买机票,最快也要第二天才能到。"妈妈说什么都不同意,"你就在本地上大学多好,我们没事就可以去看看你,功课不忙的时候你也可以回家住一晚上。"

妈妈絮絮叨叨列举了许多方便之处,最后总结说:"我就不明白了,放着家门口的大学不上,非得去那么远的地方。你说,你是不是存心要你妈不好受?"

熊伟心里十分委屈,看着坐在一边没吭声的爸爸说:"爸,你也不帮我说句话,我哪里是存心想跟妈过不去?"

爸爸刚要开口就被妈妈截断了话头,看着儿子说:"你别想拉你爸入伙,总之这件事我不同意!"

"妈!您怎么就是不同意呢?"熊伟大叫一声,说,"我选的那个专业,本地的大学里没有好的选择。"

"你还吼我?"妈妈也觉得难过委屈,"我养了你十多年,真是白养了。"

熊伟急忙分辨:"我不是那个意思。"

"算了算了,随便你们怎么填,只要儿子有大学上就行。"爸爸烦躁地抓了抓头发,起身离开。

类似的对话,在短短几天时间里就上演了好几十次,熊伟和妈妈各执一词相持不下,爸爸无法干涉只好选择旁观。

妈妈希望儿子就上本地的大学,儿子却想去外地,这是在填报志愿时,家庭常见的冲突场景之一。

每一年高考之后,因为志愿和父母产生矛盾的孩子很多,常见的有以下三种类型。

一、父母的愿望和孩子理想之间的冲突

在本案中,是关于大学地点的冲突,此外常见的还有选择专业时的冲突。有父母想要孩子读师范大学,理由是将来毕业后好就业;也有孩子想要去读艺术类院校,而父母坚决反对的。

不管是什么原因,双方有什么理由,在本质上都可以归于父母的愿望和孩子理想之间的冲突。

熊伟妈妈不愿让他离开本地,担忧他的生活只是其中的一方面。在她内心深处,是怕儿子去了外地后就不再回来。如果熊伟大学毕业后,在那边找到了好工作,又谈恋爱结婚,就更不可能回家。

对熊伟来说,妈妈的强势让他迫不及待地想要逃离这个家,外出念大学是他最好的机会。就是在这样强烈的动机驱使下,他才考出比平时测验时更好的成绩。他渴望自由,渴望独立生活。

二、因为父母的干涉,孩子当起了甩手掌柜

这种情况也不鲜见,通常分为两种情况。

1. 孩子的意见和父母不统一，采取消极抵抗策略。

2. 从小孩子就被父母包办了一切，在这样重大的人生抉择上，他也依赖父母。

也许有人会说，这不是很好吗？既然孩子不反对，正好少了许多麻烦，父母直接做主就是。然而，填报志愿这件大事，本应是孩子在成年后做出的第一项重大选择，父母能做的是正确指导，及时给予参考和提供建议，却不能全盘代替孩子。

这始终是孩子的人生，父母既然不能代替他们去过，就应该让孩子对他自己的未来承担责任。否则到了将来，孩子因为种种原因导致自己不成功后，难免会抱怨父母替自己选错了学校和专业。

三、父母因为意见不统一而导致的争吵

在有的家庭里，不光是孩子和父母的意见不统一，就连爸爸妈妈两人的意见也不统一。可以想象，在这样的家庭氛围中，孩子又将如何选择？他到底该听爸爸的，还是妈妈的，或者是他自己的？

孩子才是这件事的主角，父母之间的争执，除了会影响他的情绪，导致事情变得更糟糕之外，不会有任何好处。

面对填报志愿这样的大事，我们做出如下建议。

一、父母先要统一思想

为了孩子的未来，父母双方应该放下意见，坐下来

和平沟通，商议出一个对孩子来说最合适的志愿填报方案。

产生分歧的根本原因，还是来源于父母对孩子的不同期望。但有一点一定是相同的，父母双方都希望孩子能拥有一个美好的未来，只是两人对"美好"的定义不同。

也许妈妈想要孩子将来有一份稳定的工作，而爸爸觉得男子汉就应该去闯去拼搏。因为期望而发生的分歧，其实并没有本质的冲突，只要耐心沟通，总能找到一个平衡点。

只有当父母的意见一致了，才能给孩子更好的建议。

二、倾听孩子的想法

在这件事情上，父母必须明白的是，自己的意见只是参考，不能强行让孩子按照自己的要求去做。

孩子不再是处处需要父母呵护的小学生，他们已经有了自己的三观，并且拥有了自己的理想和追求。对他们来说，欠缺的正是社会历练带来的人生经验，父母能给予他们的帮助也恰恰是这个。

那么，怎样才能让孩子听取自己的建议呢？细心聆听孩子的想法，这才是正确的第一步。我们的目标，是让孩子做出最好的选择，如果采用强迫孩子接受的方式，只会适得其反。

有的孩子甚至会因为上了父母希望的大学而产生逆反心

理，在接下来的大学生活中自暴自弃，来作为对父母的报复。当他们最终明白过来的时候，一切都悔之晚矣。

三、综合考虑，平衡利弊

在这些分歧之中，不要将自己的情感因素投射其间，而应该最大化地考虑孩子的利益。在孩子获得的高考分数面前，念什么样的学校，读什么专业，五个志愿的填报顺序该怎么排列，这些才是最重要的，其他都要放在后面考虑。

所有的一切，都是为了让孩子能顺利地被一所好大学录取。弄明白了这个目的，家里的争执自然就消弭于无形。

熊伟爸爸说服不了母子二人，于是找到了自己的一名老同学，他的儿子在去年结束高考，目前在一所重点大学就读。学校好专业也好，前途无量。听说了熊伟爸爸的烦恼后，老同学欣然答应了他的求助。

在听过老同学的一番经验之谈后，妈妈才惭愧地说："我只想到了儿子将来要离家近，却没有考虑过他的未来。你说得对，怎样让孩子用现在的分数填报志愿，最终能让他去一个理想的学校念大学，才是我们现在该考虑的重点。"她明白过来，孩子将来的人生还长，不要在这个时候因为自己的担忧，去给儿子设限制。

"老同学谢谢你。"熊伟爸爸郑重道谢。

最后，在老同学的热情帮助下，熊伟顺利地填报了志愿，最终被他心目中的理想大学录取。

不行！我们家里不能养宠物

　　明明正在读小学一年级，他是个有爱心的孩子。走路的时候经常盯着路面，就怕不小心伤害到路上爬行的小蚂蚁。他会在烈日炎炎的时候，去给阳台的花草撑上一把太阳伞；还会替行动缓慢的老奶奶按住电梯门，等着老奶奶走进电梯。

　　这一天，明明在放学路上遇见了一只可爱的小狗。它不知道在外面流浪了多久，白色的毛变得脏兮兮，一对黑色的大眼睛可怜巴巴地看着明明，分明是饿了。

　　明明央求接他放学的奶奶买了一根火腿肠喂给它，它几口就吃得一干二净。明明离开的时候，小白狗就跟着他，一直跟到了家门口。

"奶奶,您看它多可怜,又好可爱,我们养着它好不好哇?"

奶奶想了想说:"可是你妈妈不喜欢小动物。"

明明蹲下身子,难过地看着小白狗:"小白狗,这可怎么办呢?"小白狗不知道他的伤心,摇着尾巴舔着明明的手指,可爱极了。

"奶奶,我们替它洗个澡吧,再喂它吃点东西,好不好哇?"明明实在是舍不得它。就算自己不能养,也要让它吃上一顿饱饭,变得干干净净的。

奶奶答应了明明的要求,从冰箱里拿出来中午吃剩的鸡骨头喂给它。小白狗显然是饿极了,狼吞虎咽地吃完,明明又找了个碟子装水给它喝。

小白狗有些害怕洗澡,一边洗,它一边抖着身子。水花溅到了明明的身上,惹得他开心地笑了起来:"奶奶您快看,它多可爱。"

就在这时,大门开了,爸爸妈妈下班回来。妈妈走到卫生间门口,看见里面竟然有只小狗在洗澡,吓得"啊!"一声大叫起来:"明明你干吗?快,快出来!"

"怎么了,妈妈?"

"哪里来的狗?你快出来,那得多脏啊,小心它咬你!"妈妈紧张极了。

"不会的,小白可乖了。"孩子的心思单纯,相处了一会儿,就已经给它起了个名字叫小白。

"不不不，你赶紧出来。"在妈妈的催促下，明明不情不愿地走了出来，站在门口看着奶奶替小白洗澡。

洗完澡后的小白干干净净，爸爸说："这是一条贵宾犬，可能是走丢了。明明，你在哪里捡到它的？"

明明把捡到小白的过程说了一遍，央求着妈妈："妈妈，如果它找不到主人，我们就养它好不好？"

妈妈吓了一跳："我早就说过家里不能养宠物，猫猫狗狗都不行。它们到处跑，会搞得家里都是细菌。"

"那小白怎么办呢？它也是一条生命啊！"

随着宠物的普及，因此也产生了普遍的社会问题。弃宠、虐宠、毒宠的事情时有发生，而孩子老人被狗咬伤的新闻也经常被报道。

对一只流浪狗，明明和妈妈两种截然不同的态度，也反映出两个不同的群体：一方是爱狗，另一方是极度厌恶。这不仅仅是代沟，也是人们思想的两极分化。

从这件事上，反映了两个集中的社会现象。

一、不文明养狗所产生的矛盾

办理狗牌、遛狗牵狗绳、定时注射疫苗、及时捡拾粪便等，都是人们耳熟能详的文明养狗行为。但是，在实际生活中，我们却能处处看见不文明的影子。

爱狗的人，不能理所当然地以为，其他人也和你一样爱你的宠物，更不能将狗的权益凌驾于人之上。大家必须明白，有些人天生就怕狗，狗表示亲热示好的行为，在他们眼里却是可怕的。

同住在一个小区里，因为遛狗而发生矛盾的事情，随处可见。有很多人原本并不讨厌宠物，却因为种种不文明的行为，开始认为养狗就是不对。

做到文明养狗，主动维护小区环境，制止犬吠扰民，不侵犯社会公共利益，才是一名合格的爱狗人士。

二、弃宠生存艰难，挣扎求生

另外，每天都有新的流浪宠物"诞生"。它们变成流浪宠物的原因多种多样，但人为因素占了大部分。在路上，我们总能看见一些流浪狗和流浪猫，它们的结局大多是因为饥饿、疾病，而凄惨地死去。即使有很多爱心人士和收留流浪宠物的组织，但对于庞大的群体来说，也只是杯水车薪。

作为宠物，它们并不是自己想要流浪，它们也需要有一个家。

很多人在看见它们时，要么置之不理，要么觉得可怜会喂给它们一些食物。更有甚者，会去欺负这些失去了主人的宠物，打骂、毒杀它们取乐。像小白运气这样好的、能跟着明明一起回家的流浪狗，寥寥无几。

妈妈完全不能接受小白，该怎么办呢？

第一步：尊重生命，努力替小白寻找主人。

"每一个生命，都应该得到尊重。既然它进了家门，我们就应该对它负责到底。"面对这个难题，爸爸这样说。他给小白拍了照片发到网上,也在小区的布告栏里张贴了"找主人启示",替小白寻找主人。

在这个过程中,明明牵着小白跟在爸爸身边,十分开心。他一直就羡慕别的小朋友家里养了小狗,现在终于如愿以偿。

小白性格温顺,只在有陌生人来敲门的时候,才会吠叫示警。相处了几天后,妈妈不像刚开始那样排斥,每顿饭都会给它留一点骨头。但是妈妈的态度仍然十分坚决:"临时养几天可以,一直养着就不行。"

听见妈妈的话,明明很不开心,但爸爸说:"妈妈是我们家里重要的人,我们不能因为自己的喜好,而强迫妈妈接受。既然我们都是平等的,那就必须要尊重妈妈的意愿。"

第二步:替小白找一个好人家。

半个月过去了,小白的主人仍然没有出现。明明爸爸基本断定,小白是一只被人抛弃的狗。

明白了这一点,明明更加心疼小白,去跟妈妈商量:"妈妈,您看小白已经被抛弃了一次,它这么乖,我们就养着它好不好哇?"

"而且,我们要是不养它,它就可能活不长了。"在替小白寻找主人的过程中,明明了解到许多关于流浪动物的相关知识,知道了它们大多数的结局。

听了明明的话,妈妈十分为难。

一方面，她虽然不再拒绝养狗，但她却十分讨厌家里的整洁环境被小白破坏。她能容忍一时，但长期养狗，无疑是在挑战她的耐性；另一方面，她看见儿子因为小白而如此开心，也改变了她不少观念，更因为明明这句话让她于心不忍。

爸爸提出了一个解决办法："明明，我们替小白找一个好人家，怎么样？"就算送去动物救助站，最终也需要好心人来收养，还不知道将来小白会到一个怎样的人家里。

明明心里十分不舍，但看着妈妈的为难，毅然点头说："好，就按爸爸说的办。"

父子两人将小白洗得干干净净，将它可爱的照片放到了网上，寻求爱狗家庭的领养。没过几天，就有人联系明明爸爸。

为了小白能得到一个温暖的家，明明爸爸带着明明，先去那个家庭考察了一次，跟想要领养的主人谈话。

在谈话中他们了解到，这家人养了十多年的狗刚刚去世，一家人都很难过，才想要领养一条，冲淡这种悲伤。刚好就看见明明爸爸发布的信息，联系了他。这正是他们想要替小白寻觅的家庭，有养狗经验，爱狗，能给小白一个安稳的家，它不会再受到二次伤害。

送走小白的那天，明明十分伤心地抱着狗大哭了一场，小白也很舍不得他，几次三番都跑到他的脚边。

新的主人十分理解他们的感受，承诺明明只要想见小白了，就能来看它，明明才依依不舍地离去。

现在明明已经念五年级了，小白也长成一只老狗。一到节假日，明明就会去看小白，给它带去礼物。和小白的这段缘分，让明明更加了解生命、珍惜生命。妈妈也因为小白，抛弃了对宠物的成见。

在这个案例中我们发现，代沟并不可怕，只要心中有爱，尊重对方，就一定能寻找到解决问题的办法。

第七章

用好正面管教,男孩学习不用愁

  我们常常会听见有人骄傲地说:"我们家孩子,学什么东西都可快了!"但这种称赞通常是对学爬学走路的幼儿,当他们开始念小学,父母家长就开始抱怨自己的孩子学习注意力不集中、写作业磨磨蹭蹭、粗心大意、好动、考试成绩不好等,这些都让父母头痛。

  在这最后一章里,我们关注男孩在学习上容易遇到的困扰,提出对应的解决办法。

陪孩子做作业是场灾难吗？

小奇是一名三年级的小学生，每天放学后，辅导他写作业就成了全家人都头疼的事情。

刚刚才写一个字，小奇就说："妈妈我要去上厕所！"

"去吧。"总不能让孩子憋着，这样对他的身体不好。

上厕所回来后，做了两道数学题，小奇说："妈妈我渴了！我要喝水。"

"妈妈不是跟你说过，做作业期间不能做别的事情吗？做完了再喝。"

小奇不情不愿地哦了一声，继续做作业，屁股却在椅子上扭来扭去。过了十分钟后妈妈发现，他咬着钢笔的一端发呆,作业本上还是原先那两道题。

"小奇!"妈妈提醒他。

"可是我真的渴了。"小奇委屈地看着妈妈。妈妈无奈:"好吧,你先去喝水。但是你要答应妈妈,喝完水就好好做作业。"

小奇答应了下来,但只过了十来分钟,小奇又说:"妈妈我饿了,想吃东西。"

"晚饭还没好,你把作业写完了正好能吃。"妈妈保持着耐心。

"可是我现在就饿了,没有力气写作业。"小奇眼巴巴地看着妈妈,央求说,"妈妈,你就让我吃一块威化饼干,一块就行。"

于是,小奇吃了一块饼干,又觉得口渴去喝了水,喝完水再去上厕所。如此循环反复,到了吃晚饭时数学作业才做了一半。妈妈气得头上冒烟,爸爸说:"别气,别气,吃完饭让我来。"

夜幕降临,从小奇的房间里传出来爸爸的怒吼:"不许去!专心做作业!"

奶奶听见了,上前敲门说:"你别凶儿子,有什么话好好说。孩子喝了水要上厕所,怎么能不让呢,憋坏了可怎么办?"

这一幕,几乎每天都在小奇家中上演,等到小奇终于做完作业上床时,父母都累得精疲力尽了。

辅导小学生做作业，已经成为爸妈们谈之色变的一个话题。自己一片苦心，孩子就像完全理解不了一样我行我素。用小奇妈妈的话来说："每次陪他写作业，我都觉得去了半条命。"

让我们来了解一下，哪几个原因让孩子写作业时坐不住？

一、动手能力弱，书写困难

在孩子小的时候，家长常常会因为心疼孩子，或者觉得孩子做事慢等原因，而替孩子包办了本应是他自己动手的事情。

让孩子做家务，并不是虐待孩子，而是要通过这些孩子力所能及的事情，培养孩子的责任心，同时训练孩子的动手能力，尤其是手指精细能力。比如，扣扣子、洗他自己的小内裤、倒水喝等大人看起来很简单的事情，却能锻炼孩子对手指的掌控能力，直至能熟悉运用。而这项能力，在孩子上小学前就应该准备好。

写字，需要手腕提供稳定的支撑，及五根手指的协调配合能力。我们发现孩子在刚开始练习写字时，常常下笔很重，那是孩子无法掌握手部力量所造成的现象。而小时候常做家务的孩子，只需要短暂的训练就能掌握写字的能力，反之则不能。

并非孩子故意不想把字写好，他们是心有余而力不足。因此，就造成孩子书写困难，写一会儿字就手累的现象。随着孩子的成长，作业会越来越多，对书写困难的孩子来说，写作业是一项艰苦的差事，难免就会找各种借口，就是不愿意去做作业。

二、上课没有认真听讲，不会的题太多

在学校上课时，孩子没有认真听讲，开小差发呆玩橡皮擦的现象很常见。尤其对于精力旺盛的男孩来说，他们很容易被其他的事情吸引了注意力，等回过神来时，才发现已经跟不上老师的节奏，听了个一知半解。

而做作业，是为了检查学习效果，加深对知识的记忆理解，同时发现哪些知识掌握得不够。在这个过程中，难免会出现不会的题目。孩子上课走神得越多，不会的题也就越多，当不会的题太多的时候，孩子就会抗拒做作业这件事情。

三、不想做"妈妈作业"

望子成龙，不让孩子输在起跑线上，家长的焦虑常常会体现在给孩子布置额外作业上。学校的作业不够，要进行额外的训练，才会让孩子保持优异的成绩，一部分家长因为相信这个观点，而给孩子增加了一些学校作业外的任务。

对孩子来说，如果快速完成了学校作业，接下来就要完成这些额外的"妈妈作业"。他们体会不到家长的良苦用心，发自内心地抗拒。于是就采用了磨蹭的办法，将做作业的时间拖过去，就不用再做这些作业。

长此以往，就养成了磨蹭的坏习惯。

四、缺乏学习自觉性

孩子年纪幼小，他不明白为什么爷爷奶奶就可以打麻将、旅游，爸爸妈妈每天外出工作，而他自己就必须在学校里读书。

和玩耍相比，学习实在是太辛苦了。在缺乏内心动机的情况下，孩子不知道自己为什么要干这件苦差事，他觉得因为父母要他学他才学习，做作业也是为了父母。

我们再来看看怎样解决小奇写作业拖拉磨蹭的坏习惯。

第一步：找出小奇写作业时坐不住的原因

在家里，就小奇一个孩子。奶奶一辈子苦惯了，现在生活条件好了就难免宠着孙子，想要将自己觉得好的，都一股脑儿地拿给小奇。爸妈都在上班，小奇跟着奶奶的时间更多，奶奶从来没有让他动手做过任何一件事情。

对奶奶来说，她没想到对孩子的好，竟然是变相害了孩子。在小学一年级的时候，小奇学写字的速度，就比同龄人慢了几倍，写字对他来说是件痛苦的差事。

他虽然明白作业必须要完成的道理，但他的潜意识却让他想逃避这件事情，就不断地给自己找其他的事情做，能拖一刻是一刻。

第二步：训练孩子的动手能力

既然明白了孩子的症结所在，就要有意识地去训练孩子的动手能力。

1. 在生活上，进行有意识的加强训练

因为手部精细动作不到位，小奇还不会自己系蝴蝶结。为了节约时间，家里买鞋都给他买一脚蹬或者是魔术贴的鞋。现在妈妈替小奇挑了一双很好看的运动鞋，耐心地教他系蝴蝶结，每次出门前都等待孩子自己将鞋带系好。

2. 在学习上，有针对性地进行提高

小奇的字写得不好，书写也慢。妈妈替他找了一个硬笔书法老师，从怎么握笔运笔，怎么书写一笔一画教起，教小奇写字。在书法老师的带领下，花了一个学期的时间，小奇书写质量和速度都获得了飞跃式的提升，自然也就不再害怕写字。

第三步：制定规则，奖惩有度

在正常情况下，不要给孩子布置额外的作业。父母可以通过做作业这件事，逐渐让孩子具备时间管理的认知基础。

给孩子订立做作业的规则，有利于培养孩子的自我管理意识。在这之前，我们提前跟老师沟通好做作业需要的时间。通常来说，小学中低段年级的家庭作业，孩子能在40分钟内完成。具体时间，需要父母与老师进行沟通。

在每次做作业开始前，父母要跟孩子约定，在规定

时间内，完成规定的作业。能在这个时间内认真完成，则可以给予孩子奖励，让孩子尝到按时完成作业的甜头。如果超过时间，或者孩子为了完成任务而敷衍了事，就要有相应的惩罚。

父母善用奖惩，并长期坚持下去，孩子就能养成快速高效完成作业的好习惯，改掉磨蹭的坏毛病。

不一样的留守儿童

上课了,同学们都安静下来,老师讲完课后,就让大家开始做课堂练习。教室里一片安静,只有写字的沙沙声和老师轻轻走路的脚步声。

突然,一个声音打破了这份安静,一个手臂高高举起:"老师!我要上厕所!"举手的是杨凡,一名让老师头痛的学生。

"去吧。"老师挥挥手。

杨凡很快从厕所回来,没过几分钟,他又再次举手要去厕所。老师原本不想理他,但同学们的注意力已经开始被他吸引过去,就同意了他的要求。

没过多久,他又举手要上厕所。坐在他后面的一名同学笑话他："杨凡，你这是尿频啊？"

杨凡站起来，叉着腰得意扬扬地说："不错嘛，你还知道尿频。你知道尿频是什么意思吗，不懂就不要乱说话。"

他的姿势配上他阴阳怪气的腔调，让教室里爆发出一阵哄堂大笑。

老师铁青着脸说："杨凡，现在请你立刻出教室，不要影响其他同学的学习！"

杨凡学着电视剧里的腔调说："得嘞！您哪！我这就出去。"说完，他双腿并拢，脚后跟一磕，身姿笔挺地敬了个礼。他的怪模怪样，又引起教室里的同学一阵爆笑。

老师指着门口："立刻出去！"

杨凡走过去，回头望着同学们，比了个胜利的手势后，才挥了挥手走出去。那个样子，不像是被老师撵出去，反倒是像一名结束了表演的演员谢幕下台。

他离开后，教室里仍然响着同学们压低了声音的说话声，他们在议论着杨凡刚才的行为。老师走到讲台上，拍了拍桌子，说："安静！"同学们才闭上嘴巴，重新开始做练习题。但教室里的气氛，却怎么也回不到刚开始时的宁静，好好一堂课因为杨凡而搞得七零八落。

杨凡哗众取宠的行为，显然已经超出了一般意义上调皮捣蛋的范畴。正常的孩子，在被嘲笑的时候，会感到羞愧难过，在受到老师的批评后，会感到沮丧丢人，绝对不会像杨凡这样，不以为耻反以为荣。

而对于他班级上的同学来说，却早已见惯了他的种种搞笑乖张的行径，他做出什么事情来，都不会觉得离奇。

在这种现象的背后，究竟是什么原因呢？带着心头的疑问，班主任吴老师对杨凡的情况进行了家访与电话沟通，终于知道了杨凡不是无缘无故就成为这样的孩子的。

这里是一个省会城市，杨凡跟着爷爷奶奶一起生活学习。他的父母并不在他的身边，他们在一座二级城市工作，距离这里要坐上五小时的汽车，交通十分不便。

在电话的那头，杨凡的爸爸说："我们把他送到这里读书，是因为教育环境要比我们那里好太多，跟着爷爷奶奶我们也放心。"

但吴老师问杨凡的时候，他却不假思索地说："因为爸爸妈妈生了个妹妹，没工夫理睬我。"

家访的时候，杨凡的爷爷奶奶热情地接待了吴老师，奶奶愁眉苦脸地说："吴老师，你说这孩子小的时候那么懂事，怎么上学了就是不爱学习，还成天捣乱呢？这样下去，我们怎么跟他的爸爸妈妈交代。"

爷爷板着脸说："我看就是打少了，都是你给惯的！"

"怎么是我给惯的了？你打孩子的时候，我不也没拦着吗？"

爷爷哼了一声，把杨凡叫过来站好，训斥着："说，又在学校闯什么祸了！去把戒尺拿来。"

吴老师连忙说："杨凡爷爷别误会了，我这次来主要是了解杨凡在家的学习情况,并不是他闯了祸。"

吴老师将了解到的情况进行了综合分析,导致杨凡成为现在这样的主要原因有以下三点。

一、杨凡是事实上的留守儿童

说起留守儿童,大多数都是指农村儿童。他们的父母为了生计,不得不远赴东南沿海地区打工赚钱,一年只有过年时才能回到家乡,见到自己的孩子。但值得注意的是,留守儿童的定义是:连续三个月及以上父母不在身边,将孩子托给长辈或其他亲属监管,进行九年义务教育的儿童。

随着社会向前发展,在城市里悄然诞生了一批新的留守儿童,像杨凡这样的孩子并非个案。父母认为他在省会城市里获得的教育资源,远远高于自己所在的小城市,就将他送到爷爷奶奶身边。孩子长年见不到父母,父母也承受着骨肉两地分离的痛苦。

二、长期感受不到父母的存在,孩子形成自我放弃的心理,进而影响到他的行为

心理问题,是留守儿童最易出现的问题。缺乏父母陪伴的孩子,感受不到来自父母的关爱与温暖,他们安全感缺失,情感需求得不到满足,根据具体情况会形成两个不同的群体。

1. 他们苦中作乐,比普通孩子更加坚强乐观,自信懂事。在思想上,比同龄人成熟,懂得家人的不容易,因而更加追求上进。

2. 自我心理疏导不够的孩子，内向孤僻、自卑、孤独、行为乖张，让常人难以理解。

很明显，杨凡正是属于后者。在他的内心深处，住着一个被父母抛弃的极度自卑的小孩，这个小孩认为，父母是因为生了妹妹才把自己送到爷爷奶奶这里生活，他们不要自己了。

在这样的心理驱使下，杨凡无法控制自己的行为。他只有通过不断扰乱课堂秩序、做出搞怪的动作等行为来哗众取宠，因为只有这样，他才能感觉到自己的存在感。

三、爷爷的严厉与奶奶的溺爱

爷爷奶奶有一种要对孩子负责，才能跟孩子父母交代的心理：儿子将孙子交到自己手中，如果带不好，就辜负了儿子儿媳的信任。

在这种心理的驱使下，爷爷奶奶两人的行为呈两极分化：爷爷格外严厉，奶奶格外溺爱。在这里，还存在一个"隔代教育"的现状，杨凡缺少在精神上的有效指导。

在这样的教育环境下，杨凡不知道自己究竟该怎样做，才是正确的，于是就按照他自己的想法来，不管是爷爷的打骂还是奶奶的心疼，对他都不能产生任何影响。

在这样的矛盾中，我们要寻找到一条最适合杨凡的路：

第一步：孩子的父母必须明白，这样的教育环境对孩子带来的伤害

父母的初衷是好的，但现实却并不理想。长期和父母分离，给杨凡带来了实质性的伤害。

1. **无法弥补的心灵创伤**

杨凡还是个孩子，他不能理解父母为了他将来的前途，而把他送到省会城市的一片苦心。在未能得到心理疏导的情况下，他自己认为是父母抛弃了他，这样的心理促使了他越来越自卑的心理状况。同时，他用夸张的行为，来掩饰这种自卑，博取关注。

他的心灵空虚孤独，这样下去，很难成长为一个心理健全的人。

2. **学习成绩并未达到预期**

遥远的距离，注定了父母顶多只能通过电话、视频等方式来关注杨凡。而这样短暂的沟通，无法使父母了解儿子的学习动态，更达不到监督和帮助的效果。

爷爷虽然严厉，但毕竟年纪大了精力有限，没办法帮助孙子的学习。奶奶心疼孩子没有父母陪在身边，对他一些出格的行为，采取了睁一只眼闭一只眼的办法。杨凡的学习情况，在某种意义上属于放任自流，自生自灭，怎么可能取得好成绩呢？

第二步：将孩子接回父母身边

吴老师将这些问题和杨凡父母做了深度沟通后，杨凡爸爸惭愧地说："对不起，老师，是我们考虑不周，反而害了孩子。"

杨凡爸爸并非不了解杨凡身上存在的现状，但他以为：

1. 杨凡学习成绩再怎么不好,也是在省城接受教育,怎么样都比自己这里的孩子强。

2. 孩子现在年纪还小不懂事,等再过几年就好了。

他没想到,这样竟然会给儿子带来如此严重的心理伤害。听取了吴老师的建议后,他请假到了省城,对辛苦了好几年的父母进行了感谢,同时给儿子办理了转学手续,将儿子接到了自己身边。

到了父母的身边,杨凡的心理创伤将会逐渐得到修复。即使曾经受到的伤害无法弥补,但他会越来越好。

孩子注意力不集中，我们该做什么

从上小学起，小凯的妈妈就开始苦恼儿子注意力难以集中的问题。现在儿子已经三年级了，那些老毛病还在，必须反复提醒他，他才能稍微好一些，但管不了多久又故态复萌。

在上课的时候，小凯总是很容易被其他事情吸引了注意力。妈妈就不明白，儿子能敏锐地察觉到窗外飞过的一只小鸟、掉落的一片树叶，但对老师在课堂上教授的知识却一知半解。

每次开家长会，老师都会将小凯妈妈留下来单独交流，反映小凯在上课时老是走神，小动作多，讲小话开小差，坐不住、话多，还特别爱多管闲事。

"一节课，他能听上一半就不错了，成绩怎么好得起来？"

"老师说得对，我一定回家好好教育他。"

"好好跟他说，小凯其实是挺聪明的一个孩子，只要他能改掉这些坏毛病，成绩就没有问题。"老师又说，"小凯是个热心肠的孩子，上次美美摔伤了膝盖，是他自告奋勇扶她去医务室，又陪她一起回来。"

回到家，小凯妈妈看着小凯叹气："儿子啊，你什么时候才能够改掉你的坏毛病呢？上课的时候认真听讲，不要去管别的事情。"

小凯低头玩着手指，没吭声。

"妈妈在跟你说话呢，你听见了吗？"

"啊？"小凯抬起头，一脸的迷茫，很显然他并不知道妈妈刚才说了什么。他刚刚又走神了。

看着小凯的样子，妈妈感到头疼不已。就这么两句话的工夫，他也能走神，真不知道在课堂上是个什么样子。

"小凯，妈妈刚才说了什么？"

小凯努力回想着，却无论如何也想不起来。刚刚他压根儿就没有听，怎么可能想得起来？

"那你告诉我，刚刚你在想什么？"

"没，没想什么。"小凯吞吞吐吐地回答。他刚才只是习惯性走神，并不知道自己想了些什么。或许想过，但是没有留下任何印象。

"儿子,你让我拿你怎么办呢?"妈妈都快愁死了。

小凯的情况,属于在孩子身上常见的注意力不集中现象,又叫作儿童注意障碍。随着孩子的生长发育,注意力集中的时间会越来越长。儿童成长到12岁左右,就能将注意力维持到30分钟左右,满足上课的正常需求。

如果到了这个年纪,孩子仍然出现难以集中注意力的现象,家长必须加以重视,否则继续发展下去,就有发展为儿童多动症的可能。

儿童注意障碍,又分为听觉注意障碍和视觉注意障碍两种。

1. 听觉注意障碍:上课时特别不专心,跟他说话时心不在焉。父母老师对他提出口头要求时,必须要重复好几次,他才能够按照要求去做。

2. 视觉注意障碍:不爱看书阅读,粗心马虎。题目上明明是83,他在抄写的时候就会抄成63,或者是在阅读时串行,答案自然就不可能正确。

小凯的情况,就属于听觉注意障碍。

注意力不集中,会带来哪些危害?

一、孩子很容易分心

这一点不仅仅体现在学习上,也体现在生活中。我们能发现,注意力不集中的孩子,就连在他最喜欢的游戏中,也难以集中注意力。外界的任何风吹草动,都会将孩子的注意力吸引走。跟这样的孩子谈话时，会发现他们无法将一件事情连贯地表达出来，影响表达能力。

二、成绩下滑

注意力越集中的孩子，听课效果越高，成绩也就越好，反之亦然。没有听懂课堂知识，在小学低段的时候，因为知识难度低孩子还能勉强跟上，越到后面他们就越难跟上。在课堂上没有听懂，做作业时自然就变得困难，在这样的恶性循环下，成绩逐步下滑。

三、做事效率低下

常常丢三落四，书包柜和课桌里一团糟，缺乏良好的收纳习惯。老师让拿出复习资料时，需要花费较长的时间才能找到。在生活中，自理能力也比正常孩子要差。

既然会产生这么多的害处，那么，导致孩子注意力不集中的原因有哪些？了解清楚，在日常生活学习中加以规避。

一、孩子看电视时间过长，过度使用电子产品

对孩子来说，电视上的信息精彩纷呈，有可爱活泼的动画人物，有各种好玩有趣的声音，能吸引他们的全部注意。如果没有人制止，他们能在电视机前面一坐就是一天。但电视的画面会导致孩子产生视觉振动，带来视觉注意障碍，还对孩子的眼睛有害。

外出用餐时，我们常常能看见为了避免孩子吵闹，父母会拿一个 iPad 或者手机给孩子玩游戏，让电子产品

替代父母当起了电子保姆。孩子是安静了，但过度使用电子产品会伤害孩子的眼睛发育，影响孩子的社交能力，还严重干扰孩子专注力的形成。

二、在孩子幼小时，常被家长打断或干涉孩子的游戏过程

"宝宝，太阳不是红色的吗？你怎么画成了绿色。"一名妈妈看见孩子正在画的画，忍不住要去纠正错误。

"这块积木形状不规则，你放上去房子多半会塌。"爸爸看着孩子搭得摇摇欲坠的房子，制止了他接下来的动作。

"宝贝，先喝口水再玩。"

"孩子，来让奶奶给你擦擦汗，你瞧你这一头一脸的汗，别感冒了。"

这些对话，是不是觉得很熟悉？当孩子在专心致志做一件事情的时候，无论是在游戏还是学习，作为家长一定要克制自己，杜绝去打扰他们的行为。

否则，明明是关心孩子，最后却成为孩子无法集中注意力的原因。

三、被家长贴上"不专心"的标签

"你怎么这么不专心，拼图拼到一半就跑了？"这也是我们在带孩子的时候，常常脱口而出的话。

孩子年纪小的时候，并不懂得什么是专心，什么是不专心。但家长这句话，就给他贴上了"不专心"的标

签,反而会让他朝着这个方向去发展,导致他越来越不专心。

四、陪伴孩子时心不在焉,缺乏质量

高质量陪伴的重要性,许多家长朋友都了解。在这个过程中,孩子的注意力会随着父母的手势、话语而动,逐渐培养起和父母一起的联合注意力。

爸爸坐下来陪孩子一起画画,孩子感到这件事对爸爸来说是重要的,会将注意力集中到爸爸的动作上来。看见爸爸拿了一支彩笔,他也会模仿着画,当孩子画了一个圆圈,爸爸鼓励他"画得真圆,比上一次有进步"。孩子得到鼓励的反馈,会根据爸爸的话继续画下一个圆。

在这个过程,就是联合注意力的培养过程。在孩子进入学校后,良好的联合注意力,会让孩子的注意力集中到老师身上,倾听老师的讲课,并根据老师的反馈来调整自己的状态。

但假如,孩子画了一个圆看向爸爸,爸爸却拿出手机看着上面的信息,这就会导致联合注意力的信号中断。这样的陪伴,是无效的。

该如何才能培养孩子集中注意力?

第一步:给孩子一个安全的家庭环境,调整饮食结构,保证充足的睡眠

一个安定良好的家庭氛围,是培养孩子注意力的关键。孩子的心定了,才能专心下来,不容易分神。此外,还需要改掉孩子挑食的毛病，保证孩子全方位的膳食结构，让孩子获得足够的营养和良好的睡眠。

孩子有了好的状态、充沛的精力，是集中注意力的基础。

第二步：规定看电视和使用电子产品的时间

我们很难制止孩子看电视和使用电子产品，但却可以和孩子约定每天看电视和使用电子产品的时间。

越小的孩子，每天看电视和使用电子产品的时间就应该越短，随着年纪增长可以逐渐放宽限制，但绝不能让他们随心所欲。

第三步：不要打扰孩子，更不要因此而打骂孩子

孩子正在做一件事情的时候，不要随意去打扰他们。别担心孩子会渴了饿了，家长要保持耐心，等待他们完成手上的事情后再去询问。更不能去随意干涉孩子，他画了一个绿色的太阳，又有什么关系呢？

当孩子出现注意力不集中时，家长一定要克制，不要给他们贴上"不专心"的标签，更不要因此而打骂孩子。我们的行为，会给孩子带来更大的压力，让他更难克制自己分心。

第四步：对孩子进行针对性的训练

1. 训练孩子一次只做一件事情。不要在吃饭的时候看电视，写作业的时候吃零食。

2. 陪孩子做舒尔特表格。舒尔特训练法是有效训练注意力的工具，家长可以利用网络的便利，自行在网上下载，陪伴孩子一起做这项训练。

3. 教孩子看说明书，自己拼装乐高玩具。在这个过程中，孩子必须细心观察，掌握组装过程，高度集中注意力才能完成一次拼装，能使孩子获得成就感。

4. 陪孩子进行乒乓球、游泳、跳绳、蹦床等需要高度集中注意力的运动。既能训练注意力，还能锻炼身体，一举两得。

读书,是为了将来拥有选择的自由

当孩子问你"我为什么要读书"时,你准备好答案了吗?作为家长,我们有没有仔细想过,要求孩子好好学习,是为了什么?

希望他将来能获得一份稳定的好工作,能赚钱养家,能让他去追逐梦想,能让他获得幸福美满的生活……这些答案,都是我们心中对孩子最美好的祝福和心愿。

已经是成年人的我们明白,在生活中注定会有许多迫不得已,但我们对孩子的期盼是如此简单而美满。归根结底,我们希望他们能拥有选择的权利,而不是被选择的那一个。

连续三次的周考成绩,一次比一次糟糕,这个事实,让丁航心浮气躁。接下来的班干部选举中,他又错失了纪律委员的资格,连续几件事加在一起,让他只觉得心头郁结难解,有火发不出。

"又算错了!"他将草稿纸扯下来扔到地上,和之前被他扔掉的草稿纸混在一起。

爸爸看见这一切,对妈妈比了一个嘘声的手势。妈妈点了点头,心领神会没有出声,继续炒着锅里的菜。吃过晚饭,丁航想要继续刷题,爸爸拍了拍他的肩膀,说:"不急,我们爷俩也好久没有聊过天了,聊聊?"

丁航迟疑了一下,就答应了爸爸的要求。他知道自己的状态不佳,就算去做题恐怕效果也不会很好,不如跟爸爸说说话。

两人坐在阳台上,妈妈说:"我泡了一壶茶,儿子来端去。"在茶香中,爸爸问他:"看你最近的状态不大好,怎么了,能和爸爸说说吗?"

丁航叹了一口气,把最近的事情都说了一遍:"爸爸,我觉得读书好难啊!一点都不快乐。我已经很努力了,但还是没考好。"还有大半个学期就要进行中考了,丁航觉得自己的压力很大。

"爸爸,我为什么要读书啊?"

面对这个问题,爸爸仔细想了想,才回答说:"我给你讲讲前两天看见的一条新闻吧!在一个地方,因为收费站全部采取了ETC自动识别收费模式,不再需要工作人员进行人工收费。"

"你知道，发生了什么事吗？"

"什么事？"爸爸的话，成功勾起了丁航的好奇心。

"收费站的员工被裁员，一位只比你爸爸年纪小几岁的员工哭诉说，他在收费站勤勤恳恳工作了三十年，现在突然让他去社会上找另一份工作，除了收费他什么也不会，该怎么办？"

丁航愣了一下，说："怎么能什么也不会呢？"在他的眼里，认为成人什么都会，每个人天生就有工作。

"因为他这三十年，就只做了发卡、收费这一件事。其他曾经拥有过的能力，都被他荒废了。如果在这期间，他仍然保持学习精神，追求上进，那么，他就不会面临没有选择的境地。"

"孩子，你要知道，学习的过程或许艰辛，但也能收获快乐。爸爸要求你好好读书，正是为了将来你拥有选择的自由，这才是真正的快乐。"

正确理解"快乐教育"

不知道从什么时候起，快乐教育悄然成为一种被人们所推崇的教育方式。这个理念认为，孩子就该拥有快乐幸福的童年，每个孩子都有每个孩子的天赋，总会寻找到属于他们自己的一片天地。而在小时候，要放手让他们好好玩，在学习上不强求，拥有幸福快乐的童年，将来才能拥有快乐的人生。

不少家长接受了这个观念，进而也影响到孩子的想法。

就像丁航的想法一样，为什么我要这么辛苦地学习，为什么我就不能快快乐乐呢？

快乐教育所提倡的理念并没有错，让孩子拥有一个幸福的童年，快乐地成长，也是每一个家长想要给孩子的生活。

但我们不能空谈"快乐"，必须将"快乐教育"放到现实的社会环境中去看。从小升初，到中考、高考，摆在孩子面前的，是一道又一道重要的人生关卡。没有过硬的实力，孩子面对这些关卡时只有一步步退缩，家长只能望名校而兴叹。

整个社会的竞争，只会越来越激烈。随着教育水平的提高，十年前本科生就能进入一家很不错的企业，现在至少需要研究生文凭，甚至是博士。同一个工作岗位，还会有海归的名校生来参与竞争。

如果一味地追求快乐教育，无视社会现状，对孩子的学习不做要求，将来孩子的人生将失去许多选择的机会。当孩子被迫谋生，他会快乐吗？答案显然是不会的。

什么才是真正的快乐教育？

不追求快乐的过程，只追求快乐的结果，才是真正的快乐教育。这里指的结果，并不是说孩子现在刻苦学习，将来拥有一个明亮快乐的人生，才是结果。就是在当下的学习过程中,孩子就能收获到快乐的结果。

当孩子解开一道难题,握拳说"YES!"的时候,他不快乐吗?这是充满着成就感的快乐。

当孩子考试成绩超出预期,欢呼雀跃时,他不快乐吗?他得到一份惊喜的快乐。

当孩子通过自己的努力,证明了自己实力的时候,他不快乐吗?这是一份收获的快乐。

当孩子在书中游览,通过文字体会那些从没见过的风景时,他不快乐吗?他拥有了一份体验的快乐。

谁说在学习中就没有快乐?

在这些快乐里,有成就感、有惊喜、有收获、有体验,远超于孩子在玩耍中获得的快乐体验。这是一种来源于孩子内心的精神满足与自我认可,孩子在这样的快乐中,会非常充实。

作为家长,我们必须对孩子负责,对他们未来的人生负责,引导孩子们在学习中发现快乐,获得快乐,享受快乐。

机会,从来都是留给有准备的人。孩子的成绩越好,他就能获得更优质的教育资源。而优质资源,也只有少部分优秀的人才有资格拥有。

我们的目的,正是要创造一个这样的良性循环,鼓励孩子力争上游,他将来才能在激烈的社会竞争中站稳脚跟,无惧挑战。

这样的人生，才是真正的快乐，不是吗？

男孩注定会成长为男人，他要承担起属于他的社会责任及家庭责任，对自己也对他爱的人负责。在这里，我们祝每一个男孩都健康成长，快乐学习，将来能拥有选择的自由。